U0543436

马克思主义生态思想及其当代价值研究

Research on the Marxist Ecological Thought and Its Contemporary Value

杨华·著

上海社会科学院出版社

序　言

在全球化浪潮汹涌澎湃的当下，世界各国的联系愈发紧密，与此同时，生态问题也以前所未有的严峻态势，成为全人类共同面临的棘手难题。从亚马孙雨林的熊熊大火，到北极冰川的加速消融；从海洋塑料垃圾的泛滥成灾，到生物多样性的锐减，这些生态危机正全方位地冲击着人类社会可持续发展的根基。马克思主义生态思想作为马克思主义理论体系中熠熠生辉的瑰宝，以其深刻的理论内涵、高瞻远瞩的战略眼光和心系人类命运的深切关怀，宛如一盏明灯，为我们剖析生态危机的复杂根源、探寻行之有效的解决路径，提供了独一无二且极具力量的理论视角。深入探究马克思主义生态思想，无论是对学术理论的深度拓展，还是对现实世界的积极影响，都具有不可估量的价值与刻不容缓的紧迫性。

马克思主义生态思想绝非凭空产生，它是马克思主义的基本立场、观点与方法在生态领域的创新性运用与深度拓展。在面对纷繁复杂的生态环境问题时，它以马克思主义理论为坚实框架，深入挖掘人与自然之间千丝万缕的联系，以及人类社会发展与生态环境之间相互作用、相互影响的微妙关系。其着重强调人与自然的辩证统一，这种辩证关系体现在人类通过自身的生产实践活动,诸如工业生产、农业开垦、城市建设等,不断改变着自然界的外在形态与内在结构;而自然界凭借其自身的生态规律,例如气候的周期性变化、地质灾害的发生、生态系统的自我调节等,时刻制约着人类的发展节奏与方向。人类与自然相互依存,人类的生存与发展离不开自然的馈赠,而自然的稳定与平衡也依赖于人类的合理活动。人类的不当行为会引发生态危机,而自然的变化也会反作用于人类社会,影响人类的生产生活乃至生存安全。这种紧密的关系使得人与自然构成了一个有机的整体。

进一步深入剖析,马克思主义生态思想深刻洞察出资本主义制度下生产方式的内在矛盾以及社会关系的不合理性,这正是引发当下生态危机的根本原因。在资本主义制度下,资本家为了追求利润最大化,不断进行生产扩张,过度开发自然资源,却忽视了生态环境的承载能力。例如,在一些资源丰富的地区,为了满足全球市场对矿产资源的需求,资本主义企业大肆开采,导致山体被挖空、植被遭到严重破坏、水土流失加剧,生态环境急剧恶化。同时,资本主义的社会关系使得资源分配不均,富者愈发富有,能够享受优质的生态环境与资源,而贫者在恶劣的环境中挣扎,进一步加剧了社会的不公平与生态危机的复杂性。从马克思主义生态思想的角度看,解决生态问题的根本途径在于进行深刻的社会变革,构建一种全新的社会制度。在新的社会制度中,生产活动将以满足人民的合理需求和保护生态环境为出发点,实现经济发展与生态保护的有机统一,真正做到人与自然和谐共生。

马克思主义生态思想的形成历经了漫长的历史过程,它广泛吸收了自然主义、人文主义等众多哲学思潮在人与自然关系方面的思想精髓。在自然主义思潮中，对自然规律的尊崇和对自然和谐的追求，为马克思主义生态思想提供了对自然客观属性的深刻认识基础。而人文主义思潮中对人的价值和尊严的重视，以及对人类与自然关系中人类主体地位的思考，使得马克思主义生态思想在关注自然的同时，也充分考虑到人类自身的发展需求。早期社会主义者如圣西门、傅立叶、欧文等人的探索与思考，更是为马克思主义生态思想的形成提供了直接的理论来源。圣西门所构想的"实业制度"，即以实业为核心来组织社会生产，在大力发展工业实业的过程中，积极倡导与自然环境的协调统一。他认为工业的发展不应以牺牲自然为代价，而应与自然相互促进，共同发展，这一理念充分体现了对人与自然和谐关系的追求。傅立叶则对资本主义制度下的环境污染和资源浪费现象进行了猛烈批判，在他所设想的和谐社会中，生态平衡被视为至关重要的因素。他认为一个理想的社会不仅要实现经济的繁荣和社会的公平，还要确保生态环境的良好状态，这反映了他对理想社会生态维度的高度关注。欧文更是通过实际行动，尝试建立和谐社区。他在社区建设中积极探索环境保护和资源合理利用的有效途径，例如合理规划社区布局，减少能源消耗，推广可再生能源的使用，鼓励居民参与环境保护等，为后来者提供了宝贵的实践经验。

马克思和恩格斯在他们的经典著作中，为马克思主义生态思想奠定了不可动摇的理论基石。马克思在《资本论》中，以犀利的笔触深刻剖析了资本主义生产方式的内在矛盾。他指出，资本主义的无限扩张本性以及对利润最大化的盲目追逐，使得资本家们不断加大对自然资源的掠夺式开发。为了降低生产成本，获取更多的利润，资本家们不惜采用高能耗、高污染的生产方式,过度开采矿产资源、砍伐森林、排放大量的污染物,导致生态环境遭到严重破坏。这种对自然资源的过度索取和对生态环境的肆意破坏,揭示了资本主义制度与生态危机之间的内在必然联系。恩格斯在《自然辩证法》中,从科学的视角着重强调了人与自然的辩证关系。他通过对自然科学的深入研究和对人类社会实践的观察,警示人们,如果无视自然规律,肆意破坏自然生态平衡,必将遭到自然界的严厉惩罚。例如,人类对森林的过度砍伐,导致水土流失加剧,引发洪水、泥石流等自然灾害;对水资源的不合理利用,造成水资源短缺和水污染,威胁人类的饮用水安全和生态系统的稳定。这些例子都充分说明了尊重自然规律的重要性,为人类正确认识和处理人与自然的关系提供了科学的方法论指导。

步入20世纪,随着资本主义社会的持续发展,生态危机也日益加剧,西方马克思主义者在当代资本主义的特殊背景下,从不同的角度对马克思主义生态思想展开了深入研究与拓展,有力地推动了这一思想的新发展。法兰克福学派的霍克海默、阿多诺等学者,将对资本主义的批判从传统的社会政治经济领域大胆延伸至生态领域。他们深刻地指出,资本主义的技术理性和消费主义文化是导致生态危机的重要根源。在资本主义社会中,技术被过度利用,成为资本家追求利润的工具,而不是服务于人类与自然和谐发展的手段。消费主义文化则鼓励人们过度消费,追求物质享受,导致资源的极大浪费和环境的严重污染。这种技术与消费对自然环境的双重压迫,使得生态危机日益严重。马尔库塞提出了"自然解放"的口号,他主张通过社会变革打破资本主义对自然的统治和压迫,实现自然的解放。他认为,只有当自然从资本主义的束缚中解放出来,人类才能真正实现自身的解放。这一理念为生态运动提供了新的理论方向,激发了人们对资本主义制度下生态问题的深刻反思。20世纪70年代以后,马克思主义生态学逐渐兴起,威廉·莱斯、本·阿格尔等学者深入分析了资本主义制度与生态危机之间的内在关联,提出了生态社会主义的构想。他们强调,解决生态危机不能仅仅依靠技术手段或局部的政策调整,还必须从社会制度的变革和生态价值观的重塑入手。他们提出,通过建立一种新的社会制度,即生态社会主义,实现生产方式的转变和生态价值观的更新,能从根本上解决生态危机,这为解决当代生态问题提供了全新的思路和方案。

苏联在社会主义建设的伟大实践中,对生态问题进行了积极且富有意义的探索。列宁等领导人高度重视合理利用自然资源和加强环境保护。在理论层面,他们提出了一系列关于生态保护和资源合理利用的观点,强调社会主义建设应与自然环境相协调。在实践层面,苏联开展了大规模的植树造林活动,改善生态环境;建设了一批水利工程,合理调配水资源,提高水资源的利用效率。然而,因当时特定的历史条件和发展阶段的限制,苏联在经济建设过程中未能充分协调好经济发展与生态保护之间的关系。在工业化进程中,为了快速实现国家的工业化,苏联采取了优先发展重工业的战略,这导致了对自然资源的过度开采和对环境的严重污染。一些重工业企业排放大量的废气、废水和废渣,对周边环境造成了极大的破坏。这些经验教训为后来的马克思主义生态思想研究和社会主义生态文明建设提供了重要的参考,让我们深刻认识到,在社会主义建设中,必须正确处理好经济发展与生态保护的关系。

在中国特色社会主义建设的伟大征程,尤其是生态文明建设的生动实践过程中,马克思主义生态思想得到了全面的继承与创新发展。中国共产党人立足中国国情,将马克思主义生态思想与中国的具体实践紧密结合,提出了一系列具有中国特色的生态文明理念和战略举措。从"绿水青山就是金山银山"的科学论断,到"创新、协调、绿色、开放、共享"新发展理念的提出,再到构建"人与自然生命共同体"的宏伟愿景,中国共产党人不断丰富和完善生态文明建设理论体系。在实践中,中国大力推进生态环境保护和修复工程,加强对大气污染、水污染和土壤污染的治理,积极研发可再生能源,推动产业绿色转型,取得了举世瞩目的成就。这些成就不仅推动了中国生态文明建设的蓬勃发展,还为全球生态文明建设贡献了中国智慧和中国方案,为世界各国提供了可借鉴的经验。

随着全球化的深入推进,生态问题已彻底超越国界,成为全球性的挑战。当代马克思主义生态思想更加注重全球生态治理,强调国际社会在应对生态危机中的共同责任和合作行动。在全球生态治理中,各国应摒弃狭隘的国家利益观念,携手合作,共同应对生态危机。例如,在应对气候变化问题上,各国通过签署《巴黎协定》,共同制定减排目标,加强技术交流与合作,共同推动全球气候问题治理。同时,全球化也带来了诸如生态帝国主义等新的问题和挑战。一些发达国家凭借其经济和技术优势,将高污染、高能耗的产业转移到发展中国家,对发展中国家的生态环境造成了严重破坏。这些问题亟待我们运用马克思主义的理论武器进行深入剖析和批判,揭示其背后的深层根源和本质特征,进而维护全球生态公平和正义。

此外，马克思主义生态思想在当代呈现出与生态学、社会学、政治学等多学科交叉融合的蓬勃发展态势。与生态学的融合，使得马克思主义生态思想能够从生态科学的角度深入研究生态系统的结构、功能和演化规律，为生态保护和修复提供科学依据。与社会学的交叉，有助于从社会结构、社会关系和社会变迁的角度分析生态问题的社会根源和社会影响，提出有针对性的社会政策和解决方案。与政治学的结合，则聚焦于生态问题与政治权力、政治制度的关系，推动生态政治的发展，通过制定和完善相关政策法规，保障生态环境保护措施的顺利实施。这些交叉学科的发展为生态问题的研究提供了更加多元化的视角和方法，为解决生态危机拓展了新的路径和思路。在实践应用方面，生态社会主义运动在世界部分国家和地区蓬勃兴起，为推动社会变革和生态建设注入了强大动力。许多国家和地区的人民积极参与生态社会主义运动，倡导绿色生活方式，推动社会生产方式的绿色转型，为实现人与自然的和谐共生而努力奋斗。马克思主义生态思想的理论成果也为各国制定可持续发展战略、推进生态文明建设等提供了重要的理论支撑和实践指导，成为推动全球生态文明建设的重要理论力量。

本书以马克思主义生态思想及其当代价值为研究对象，旨在通过系统深入的研究，为解决中国现实生态问题提供坚实的理论依据和切实可行的实践路径。全书从以下四个方面依次展开：一是深入挖掘马克思恩格斯生态思想的丰富内涵，全面探寻其理论渊源，细致梳理其发展历程，深刻揭示其当代价值。在探寻理论渊源时，不仅研究自然主义、人文主义等哲学思潮的影响，还深入挖掘古代文明中关于人与自然和谐相处的智慧；在梳理发展历程时，详细分析各个历史阶段的社会背景、理论创新和实践探索,为后续研究奠定坚实的理论基础。二是聚焦于马克思生态思想的核心内容,深入分析人的发展的实践主体论、人类劳动的物质变换论、生态危机的制度批判论、环境友好的社会进步论等重要理论观点,并阐述恩格斯生态思想对马克思生态思想的补充与拓展。在分析人的发展的实践主体论时,结合当代社会发展的实际情况,探讨人类在生态保护中的责任和作用;在研究人类劳动的物质变换论时,从生产技术、资源利用等方面深入分析如何实现合理的物质变换;在阐述生态危机的制度批判论时,结合当今世界资本主义国家的实际情况,进一步揭示资本主义制度与生态危机的内在联系;在探讨环境友好的社会进步论时,分析如何将生态指标纳入社会发展评价体系,推动社会的可持续发展。这些分析,能进一步丰富和完善马克思恩格斯生态思想的理论体系。三是拓展研究视野,将研究视角延伸至整个马克思主义生态思想领域,系统分析西方马克思主义生态观的发展脉络、积极意义与局限性,深入探讨苏联对马克思恩格斯生态思想的继承与发展历程,全面总结中国共产党人在马克思主义生态思想发展过程中的创新贡献。在分析西方马克思主义生态观时,对不同学派和学者的观点进行深入比较和分析,客观评价其在理论和实践方面的贡献与不足;在研究苏联对马克思恩格斯生态思想的继承与发展时,结合苏联社会主义建设的历史背景,分析其成功经验和失败教训;在总结中国共产党人的创新贡献时,全面梳理中国在生态文明建设方面的理论创新和实践成就,展现马克思主义生态思想在不同历史时期和不同地域的丰富发展。四是紧密结合中国现实,聚焦于马克思主义生态思想对我国生态文明建设的指导作用,深入分析中国现实生态问题的表现、成因和特点,提出运用马克思主义生态思想推动经济可持续发展、强化生态政治制度建设、培育生态文化、建设生态型社会的具体实践路径。在分析中国现实生态问题时,结合具体的数据和案例,深入剖析经济发展模式、生态与人口、政治领域、先进文化建设等方面存在的问题;在提出实践路径时,为中国生态文明建设提供具有实际指导意义的、具有针对性和可操作性的方案。

本书期望通过对马克思主义生态思想的深入研究,为解决中国现实生态问题提供有益的理论支持和实践指导,助力中国生态文明建设迈向新的高度,并为全球生态文明建设贡献中国智慧与力量,推动人类社会走向人与自然和谐共生的美好未来。我们相信,在马克思主义生态思想的指引下,人类一定能够找到解决生态危机的有效途径,实现经济发展与生态保护的良性互动,让地球成为人类和万物共同的美好家园。

目 录

序 言 ………………………………………………… 1

引 论

  第一节　研究的背景、内容与意义 ……………… 3
    一、研究的背景 …………………………………… 4
    二、研究的内容 …………………………………… 5
    三、研究的意义 …………………………………… 6
  第二节　文献综述 ………………………………… 8
    一、国外学者的研究状况 ………………………… 8
    二、国内学者的研究状况 ………………………… 15
  第三节　研究思路 ………………………………… 22
  第四节　研究方法 ………………………………… 23
  第五节　研究创新点 ……………………………… 24

第一章　马克思恩格斯生态思想的理论渊源

  第一节　自然主义思潮以及自然科学、生态科学对
　　　　　马克思恩格斯生态思想的影响 ……………… 27

第二节 人本主义、社会主义思潮对马克思恩格斯生态
思想的影响 …………………………………… 31

第二章 马克思恩格斯生态思想的发展历程

第一节 马克思恩格斯生态思想的萌芽阶段 ………… 41
第二节 马克思恩格斯生态思想的形成阶段 ………… 43
第三节 马克思恩格斯生态思想的成熟阶段 ………… 52

第三章 马克思生态思想的主要内容

第一节 人的发展的实践主体论 ………………………… 60
第二节 人类劳动的物质变换论 ………………………… 62
第三节 生态危机的制度批判论 ………………………… 66
第四节 环境友好的社会进步论 ………………………… 70

第四章 恩格斯生态思想的主要内容

第一节 恩格斯与马克思生态思想的共同立场 ……… 79
第二节 恩格斯对马克思生态思想的补充 …………… 80

第五章 西方马克思主义对马克思恩格斯生态思想的
传承与歧出

第一节 以卢卡奇、葛兰西为代表的早期西方马克思主义
自然观 ………………………………………… 89
第二节 以霍克海默、马尔库塞等为代表的法兰克福
学派自然观 …………………………………… 94
第三节 以福斯特、莱斯等为代表的马克思主义生态学
……………………………………………… 101

第六章 苏俄与苏联对马克思恩格斯生态思想的继承与发展

第一节 普列汉诺夫、列宁对马克思恩格斯生态思想的继承与发展 ………………………… 109
第二节 布哈林等对马克思恩格斯生态思想的继承与发展 ………………………………… 119

第七章 我国对马克思主义生态思想的继承与创新

第一节 社会主义改造和社会主义建设中的初步探索 …………………………………………… 125
第二节 改革开放中体系化和制度化的进一步探索 …………………………………………… 127
第三节 中国特色社会主义新时代的崭新境界 …… 132

第八章 中国现实的生态问题和马克思主义生态思想的指导意义

第一节 中国现实的生态问题 ……………………… 140
第二节 马克思主义生态思想的指导意义 ………… 147

第九章 马克思主义生态思想指导我国生态文明建设的实践路径

第一节 马克思主义生态思想在中国的实践 ……… 156
第二节 马克思主义生态思想在中国的未来展望 …………………………………………… 162

第十章 马克思主义生态思想对我国生态文明建设的深远影响

第一节 马克思主义生态思想中国化的根基 ……… 167

第二节 马克思主义生态思想指导我国生态文明建设的积极作用 …………………… 173

结　语 …………………………………… 182

参考文献 ………………………………… 185

引 论

- 第一节 研究的背景、内容与意义
- 第二节 文献综述
- 第三节 研究思路
- 第四节 研究方法
- 第五节 研究创新点

引 论

党的二十大报告指出:"尊重自然、顺应自然、保护自然,是全面建设社会主义现代化国家的内在要求。"[①]党中央明确提出,我国在经济建设的进程中,要特别重视生态发展,建设人与自然和谐统一的生态文明社会。对于生态问题,早在党的十八大就已经提出"五位一体"战略,再到"两山"理论的构建,直到党的二十大报告将生态建设提升到战略高度,上述举措都说明了我国对于生态文明建设的重视程度,也表明了解决生态问题的坚定决心。本书基于马克思恩格斯生态思想,探讨马克思主义生态思想的内涵与积极作用,将其作为理论指导,立足中国实际,以期切实解决我国面临的生态问题。

引论部分论述了生态问题的研究背景、研究内容以及我国建设生态文明社会的重要意义;分析了马克思恩格斯生态思想的理论价值;明确了本书的研究思路与研究方法。

第一节 研究的背景、内容与意义

本书研究的主要内容有:第一,马克思主义的生态思想研究。对马克思和恩格斯的生态思想进行梳理和分析,探讨其生态思想的内涵、基本特点、理论框架等。第二,马克思主义生态思想的历史演变和传承研究。探讨了世界不同地区、我国不同历史时期对其生态思想的理解和应用,探索其思想传承的路径和机制。第三,马克思主义生态思想的实践路径研

[①]《二十大以来重要文献选编》,中共中央党史和文献研究院编,北京:中央文献出版社,2024年,第12页。

究。对马克思主义生态思想在现实中的应用和实践路径进行深入研究,探讨实践过程中遇到的困境和挑战,探索生态保护和可持续发展的途径和方法。此外,本书还探讨了马克思主义生态思想的当代意义,阐述了马克思主义生态思想的理论价值以及在指导我国生态文明建设上的实践价值。

这些研究对于推进生态文明建设、应对全球生态危机具有重要的理论和实践意义。同时,这些研究也有助于我们深入理解马克思主义哲学的生态基础和人与自然的关系问题,促进马克思主义理论的创新和发展。

一、研究的背景

人类历史发展到今天,从原始社会到农业社会,再到工业社会,已经经历了大跨越式的发展。马克思主义生态思想是在特定的历史背景下产生的。20 世纪 60 年代以后,全球化的趋势日益显著,我们正处于工业时代高速发展时期,处于历史的转折点上。工业文明浩浩荡荡地到来了,经济蓬勃发展也引发了生态危机,这是人类需要共同面对的生存挑战。要同时解决生存问题和发展问题,就必须超越现有的工业文明,走上一条人与自然和谐共处的新的发展道路。然而现实情况并不乐观,生态问题已经成为全球性的问题,每个国家都在走边发展边治理的路线,但是生态危机日益严重,世界各国还在探索与寻找根治生态问题的良方。频繁出现的生态问题唤醒了大众维护生态平衡、保护生态环境、坚持绿色发展道路的意识。人们也自觉地采取行动,想要阻止生态环境恶化,维护人与自然的平衡,一场提高人们生存质量的运动便悄然发展起来。

生态革命最初也是由点点滴滴的"绿色事件"积聚、演化而来的,比如生态环保意识萌发以后所产生的生态环保组织,倡导生态平衡的政党与社团,蓬勃发展的生态可持续发展的思潮、生态发展理论、生态文学、生态哲学等。生态运动和生态革命引发了人们对于"生态"一词空前的关注，生态学这一学科应运而生。起初大家并不知道什么是生态学，也不理解为什么要研究生态学，现如今人们迫切地想要对其展开研究，生态学再也不是默默无闻的一个名词，而是逐渐被大家所熟悉，并且演化成了一门学科与科学。渐渐地，这门学科走上了人类生态学的发展道路，最后慢慢向哲学靠拢，演变成了生态哲学。同时，用生态思维或者生态视角看待人与自然的关系问题、人与社会的关系问题成为学术研究的一类范式，绿色生态和绿色经济对人类重新审视历史产生了重大影响和深远意义，这一新视角的发掘，为生态危机找到了解决良策。

马克思和恩格斯运用哲学分析问题的方法，清晰地描述了人与自然界之间的关系、人与人的社会关系，为解决资本主义生态危机找到了出口，从生态理论众多流派中脱颖而出，成为分析和解决当今世界生态问题的宝贵思想资源。

二、研究的内容

本书以"马克思主义生态思想及其当代价值研究"为论题，以实践角度为出发点，主要研究当前世界面临的人与自然的关系问题、生存环境问题与人类发展问题，落脚点为如何解决现存的生态问题。

马克思恩格斯生态思想构成了经典马克思主义的生态思想，它的传承与发展构成了整个马克思主义生态思想，其中包含马克思主义的生态理论和生态哲学。本书所研究的生态思想是最宽泛的概念，涵括了生态理论及其最深层的生态哲学。

在马克思恩格斯生态思想的指导下，我国致力于可持续发展，一直在生态环境治理方面不遗余力，努力构建人与自然和谐发展的社会主义社会。践行习近平总书记的生态观"绿水青山就是金山银山"，是中华民族的伟大生态实践。实践层面的问题得到初步解决后,还要从理论的视角去看待生态问题。本书以哲学的视角研究生态问题,尤其是运用马克思主义哲学研究当前中国与世界存在的生态问题。

归根到底,生态问题是重要的哲学问题,这就有了"生态哲学"的概念。这一概念是在20世纪60年代工业化高度发展的背景下一点点发展起来的。当前,全球范围内各种绿色理论和思潮不断涌现,各种流派和言论百家争鸣,预示着生态哲学将进一步发展和繁荣。马克思恩格斯生态思想已经在其中占有非常重要的位置。和马克思恩格斯其他重要理论一样,生态哲学也是其重要的组成部分,在当前的历史形态下,应该受到足够的重视,我们也应该站在巨人的肩膀上,继续深入研究。目前,国内的学者、政府部门和民众越来越多地认识到生态问题的重要性并且开展了研究,但是研究的范围、深度和广度还需进一步拓展与创新。马克思主义生态思想是一笔宝贵的财富,对我们进行生态学研究以及开展生态实践活动有着重要的指导意义和深远的积极影响,所以,我们要用马克思主义生态思想来指导生态实践活动,并不断反思、总结、推进、提高。

三、研究的意义

研究马克思主义生态思想具有十分重大的历史意义。首先,人与自然的关系问题是人类在生产生活中面临的永恒主题,因为人类的一切活动都离不开自然界,离不开自然界的生态资源,人类生存与发展的前提是与自然界和谐共处。全球经济一体化呈现出了"地球村"的发展趋势,随着生产范围的扩大和经济水平的不断提高,人类对于环境的索取也越来越多,对于自然界的破坏也愈发严重,继而演化成生态危机,迫使人类对自身的行为进行反思,共同寻找解决问题的方式。在这样的背景下,西方和国内学界的学者在对马克思恩格斯生态思想进行研究的过程中发现,

引 论

马克思和恩格斯倡导人与自然和谐共处的生态价值观,倡导有节制地通过劳动对自然资源进行开发,其生态观是可持续和具备实操性的,在政治、经济、自然、文化等方面都给予了我们成熟的方法论,因此众多学者开展了马克思主义生态学的研究,并用来解决当代世界和我国的生态问题。

从理论上来讲,对马克思主义生态思想的研究有利于深入探讨生态问题、生态哲学问题以及人与自然的关系问题,对于生态学的研究有一定促进作用,对于生态观念的推广和繁荣有着一定的理论意义。在生态哲学领域内,马克思主义生态哲学有着重要的地位,对生态思想的发展有着深远的影响,也是我们能够学习并且付诸实践的理论武器。对于生态文明的建设,我国学界从认知到逐渐重视也有一个循序渐进的过程,国内有很多关于生态哲学的研究与论著,但多限于谈论绿色生态,也没有将学术视角扩展到全球视野,大多是站在局部地域去讨论生态问题。尽管这样,整个学界的视角依然是宏观的、从大局出发的,但是当大家共同面对生态问题时,理论的研究内容又显得有些局促,因为生态问题在演变的过程中,已经从局部问题发展为全球问题,演变之迅速与复杂,让我们意识到现有的理论基础还不够丰厚和充分。

尽管马克思主义哲学的理论地位得到了认可,但是其中的部分内容,特别是对于马克思主义生态思想、生态哲学的研究及其对实践的指导作用,还需要不断挖掘和研究。从实践角度来看,马克思主义生态思想对于全球化背景下的生态危机提出了解决办法,对于解决我国生态问题有着指导意义。在马克思和恩格斯的生态实践论中,人类要促进人与自然、人与社会、人与人的和谐共处与发展,遵循自然规律办事,敬畏自然,尊重自然,在和谐中谋共存,在持续中求发展。[1] 所以马克思主义生态思想为我

---

[1] 贺绍芬:《马克思恩格斯生态文明思想的三维向度:理论意涵、思维特质及其时代价值》,《克拉玛依学刊》2023年第1期。

们解决当下的生态问题奠定了坚实的实践基础。中国现在正处于建设社会主义和谐社会的历史阶段，正需要马克思主义生态思想指导我们前进。但目前运用马克思主义生态思想指导我国生态文明建设的很多建议还有待通过实践验证，解决措施还不够一针见血。本书为研究破解生态危机、维持和谐的人与自然关系给出了解决路径，对于促进生态环境建设有着积极意义。

第二节　文献综述

在国外，也有哲学、社会学、环境学等领域的学者对马克思恩格斯生态思想进行了深入研究，并致力于探讨马克思恩格斯生态思想在当代的价值和意义。他们重点关注的是，如何将马克思恩格斯生态思想与当代的生态问题相结合，提出可持续发展的新理念和新模式。在国内，哲学、环境科学、社会学等领域的学者也开始对马克思和恩格斯的生态哲学进行深入研究，探讨其在当前环境问题日益突出的背景下的时代意义和现实价值。他们将目光聚焦在马克思和恩格斯对生态问题的解读、环境问题与社会问题的关联性、人与自然的关系、可持续发展等方面。总的来说，目前国内外学者对马克思恩格斯生态思想的研究日益深入，研究内容也更加广泛，有助于我们深刻理解马克思主义哲学的生态基础和人与自然的关系问题，促进马克思主义理论创新和发展。同时，这些研究也对社会和经济发展有着现实的指导意义。

一、国外学者的研究状况

马克思和恩格斯的生态思想起初在世界范围内并未激起水花，很多

引 论

国家对此并未进行关注和思考,最早是西方学者从生态学角度对马克思恩格斯思想进行研究。20世纪50年代以后,生态问题渐渐凸显,并且随着经济全球化的发展趋势,生态问题开始出现扩散、蔓延的趋势,于是相关学者开始广泛关注此类问题,涌现出一批国外学者的生态观点。马克思和恩格斯的生态哲学观,包括关于人与自然、自然力等理论引起了西方学者的高度重视,由马克思恩格斯生态思想衍生出生态社会主义、生态学马克思主义等多种理论。但生态理论界在这一领域并未达到理论层面的意见一致,这种不统一、不一致不仅体现在某一研究领域内部,还体现在不同的研究领域中,比如研究生态主义与生态马克思主义的学者存在意见分歧,又比如生态学和社会生态学研究之间的理论差异。

马克思恩格斯生态思想在西方国家的影响尤为深远,涌现出一大批成果。由于马克思恩格斯生态思想是科学社会主义的部分继承与发展,因此当学者提起马克思主义生态哲学和科学社会主义时,经常将两者进行比较,甚至将两者等同。持有不同观点的学者对此有着不同的看法。复旦大学陈学明、俞吾金认为两者还是有很大区别的,他们认为"社会主义""科学社会主义""生态社会主义""生态主义"概念并不一致,他们之间存在着包含关系、部分包含关系,但并不相关。提到社会主义,或者说马克思社会主义、马克思生态社会主义,学者所支持的理论或者是学者持有的理论中,只有以马克思社会主义为主要观点的,才可以被称为马克思生态社会主义,支持的观点但凡与马克思主义无关或关联不大,均不可被称为马克思生态社会主义。

生态主义研究的内容较为广泛,包括生态学无政府主义、生态学保守主义和主流绿党等,在他们看来,马克思恩格斯生态思想中关于人与自然的思想并不属于生态学的研究范畴,并不是生态学理论框架的成果。在他们看来,马克思和恩格斯所研究的生态哲学、政治经济学、科学社会主义等理论同西方以市场为主导的自由资本主义理论一样,都是以经济发展为基础,通过经济的不断发展、扩张来促进技术的革新、进步,从而实现人类的高质量发展和生命的自由。[①] 这批学者认为,生态学与经济发展是存在矛盾属性的,也就是研究生态学和生态哲学要从自然出发、从生态本身出发,而不是从经济视角或者生产视角出发,所以生态主义和资本主义及社会主义的生产方式存在矛盾之处,这也就是生态主义研究者们认为马克思的生态思想和资本主义的生态思想并不是基于生态本身出发的原因。更有甚者,生态主义者们批评马克思和恩格斯的生态哲学理论,同时批评资本主义生产方式,认为其不具备生态思维。他们的理由是:第一,马克思和恩格斯认可资本主义生产方式可以促进人类的发展与进步,同时马克思和恩格斯也赞同工业进步可以促进社会的发展和人类生活的幸福;第二,马克思和恩格斯的生产进步理论,是以人为中心的,并非以生态环境为中心,理论的出发点就是错误的;第三,马克思和恩格斯倡导劳动创造价值,赞扬通过生产活动、劳动实践来改造自然,发挥人的主观能动性,通过实践来创造价值,通过与自然交换价值来实现发展;第四,马克思和恩格斯认为科技进步、技术革新可以促进人类发展。生态主义者们认为这些观点都将导致生态环境的进一步恶化,会威胁自然的平衡和生态的发展。上述观点或是出于对马克思主义的敌意,或是出于对马克思主义的误解,都是我们应该着力反驳和澄清的偏见。

但在生态社会主义的阵营中,很多生态社会主义学者的主要观念还是和马克思生态社会主义观点一致或者高度相似。所谓马克思主义生态学,就是运用马克思主义的根本观念、根本理论去解释生态学,剖析生态学面临的问题、未来的发展趋势和能够有效解决问题的办法,其核心思想和理论内核均来源于马克思主义,但其中包含的生态思想可能来源于其

---

① 吕锦芳、韩雪冰:《马克思主义生态文明理论中国化的逻辑探究——评〈马克思恩格斯生态文明思想及其中国化研究〉》,《经济研究导刊》2022年第15期。

他生态学家对马克思主义理论进行的补充和重构。由于资本主义制度造成的社会不公、经济危机转嫁等现象进一步加重了生态问题,因此建立一个兼顾公平、正义和效率的社会主义社会,才是能够解决资本主义上述问题的有效方式,受到了广泛关注与思考。马克思主义生态学视域下的生态社会主义代表性的学者包括:美国的奥康纳、福斯特,加拿大的莱易斯、阿格尔,法国的高兹等人。

马克思主义生态学是马克思主义理论重要的组成部分,是当时社会情势下的一股重要的社会思潮。之所以称作马克思主义生态学,是因为这是在马克思主义理论的框架下形成的,并没有脱离马克思的核心思想,也延续了马克思的主要理论。马克思主义理论之间互相关联、相互支撑,其中哲学、政治经济学等理论共同完善并发展了马克思主义生态学。

马克思主义生态学并不是一个单一的流派或理论,其中有很多的流派分支,并且每一个流派都持有不同的观点。研究马克思主义生态学的学者,不应仅将其看成一门研究生态学的学科,还须挖掘其中蕴含的哲学理论。马克思和恩格斯是最早的倡导绿色生态观的哲学家,马克思和恩格斯的生态思想不仅包含生态学的思想,还涉及对人类发展、人与自然关系等问题的深入探讨,因此有必要对马克思主义生态理论进行进一步的挖掘与发扬。

法兰克福学派是较早研究马克思恩格斯生态思想的学派,马尔库塞在《论解放》和《反革命与造反》等著作中,对马克思的生态哲学进行了研究,对《1844年经济学哲学手稿》中重要的生态哲学观点进行了剖析,分析了社会生产、人类发展与生态自然的问题和解决方式,阐述了人不应该绑架自然、剥削自然,说明了人与自然和谐相处的必要性。[①]

[①] [美]H.马尔库塞等:《工业社会和新左派》,任立编译,北京:商务印书馆,1982年,第158页。

威廉·莱斯在《自然的控制》中对"控制自然"的行为进行了深刻剖析,他指出,无论是崇拜自然还是征服自然的观点,都应该被抛弃,"控制自然"往往是另外一种生态困境的体现,控制自然也是控制人类自身,应该将"控制自然"解读为控制人与自然的关系,使之向好的方面发展。①

霍华德·帕森斯在《马克思和恩格斯论生态学》一书中提到了马克思和恩格斯的生态思想,表示马克思和恩格斯的生态思想其实是成熟的、有内在逻辑的。主要表现在,马克思和恩格斯解决人与自然关系问题的思路是,主要通过劳动、实践,在不断的尝试中取得科技的进步与技术的突破,从而达到人与自然资源的转换,实现人与自然的和谐关系。霍华德·帕森斯在研读马克思和恩格斯经典著作的基础上,对其生态哲学思想进行了比较详细的整理与总结。他指出,在生产关系的不断演化中,人与自然的关系也会经历三个阶段:第一阶段为资本主义扩张时期,人类大量掠夺自然资源;第二阶段为资本主义高速发展时期,资本家剥削劳动力,不断追求剩余价值而产生劳动异化;第三阶段是人类走向社会主义、共产主义社会,在物质条件极大丰富的条件下,实现人与自然的和谐统一。②

格仑德曼认为,马克思的自然概念对当今世界现存的生态问题具有巨大的指导价值,可以通过马克思恩格斯生态思想解决存在的全球化生态问题。所以说,生态主义者对马克思恩格斯生态哲学理论存在误解以及认识上的偏见。实践证明,马克思主义生态哲学观点需要得到坚持与弘扬。

卢西亚娜·卡斯特林那在著作《为什么"红的"也必须是"绿的"》提出:"在过去几年里,欧洲的政治地图上又增添了一种新的颜色:绿色。绿色已经成为大规模群众运动的标志……严格地说,它现在也是新产生

---

① [加]威廉·莱斯:《自然的控制》,岳长龄、李建华译,重庆:重庆出版社,2007年,第125页。
② Howard L. Parsons, *Marx and Engels on Ecology*, Westport: Greenwood Press, 1977.

引 论

的政党的标志。"①绿色阵营倡导以生态哲学为主导思想去解决生态问题,随着绿色运动的风起云涌与影响力的扩大,在欧洲的绿色阵营也逐渐呈现出"泛绿"的情况。

美国社会学研究学者约翰·贝拉米·福斯特教授在其著作《马克思的生态学:唯物主义与自然》中批判了将人类的现代文明、进步与反生态思想等同的观点,指出保护生态环境并不等于没有温度的环境主义,我们要一起解决的是人类在发展进程中面临的环境问题。②

日本学者岩佐茂是马克思主义生态哲学的亚洲学者代表,研究了众多的马克思主义理论,他最具代表性的著作是《环境思想》。在他的理论中,人类自工业时代以来长期面临着环境污染、生存质量下降、污染地区间不均衡的问题,所以人类如果要谋求发展,首先要进行环境保护,这就是所谓"环保优先"理论。他认为,人类不应该只从自身角度出发去支配自然,不能对自然随心所欲,人类应该控制自己的行为,使人类发展与自然生息之间达成平衡。岩佐茂是马克思生态哲学观念的继承者与发扬者,他认为解决上述问题,要站在经济全球化的视角,用生态社会主义的制度和方式去彻底解决生态与环境问题。③ 在岩佐茂看来,人与自然的关系问题在《资本论》中有着更为深刻和系统的阐述。在《资本论》中,马克思将人与自然的关系思想融入经济、政治、社会、文明演进的理论中。在《资本论》中,以劳动与实践为核心的思想也是解决人与自然关系问题、使之向和谐统一方向发展的突破口和根本解决路径。人类通过劳动,实

---

① [意]卢西亚娜·卡斯特林那:《为什么"红的"也必须是"绿的"》,载[南]米洛斯·尼科利奇编:《处在21世纪前夜的社会主义》,赵培杰、冯瑞梅、孙春晨译,重庆:重庆出版社,1989年,第57页。
② [美]约翰·贝拉米·福斯特:《马克思的生态学:唯物主义与自然》,刘仁胜、肖峰译,北京:高等教育出版社,2006年,第83页。
③ [日]岩佐茂:《环境的思想》,韩立新、张桂权、刘荣华等译,北京:中央编译出版社,2007年,第212页。

现"人和自然之间的物质变换",劳动过程本身就实现了自然界物质向生产产品的转换,在这一过程中改变了物质的形态。同时,作为自然界的一部分,这一过程也是自然新陈代谢循环的一部分。而资本主义的生产过程中,因劳动的异化,工人与生产资料分离,人口大量聚集,同时由于劳动产品的异化,劳动产品产生剩余和浪费,这样一来就严重干扰了人与自然有序的物质变换。剩余和浪费造成人类在需求之外过度地向自然索取物质回报,破坏了自然环境与生态环境,因为自然可以供给的条件与环境并不是永恒的,人类无休止的索取,有朝一日必然导致自然的"罢工"。在岩佐茂看来,恩格斯的著作中也有很多自然生态观点,对现代环境危机的形成和解决提供了很多启示。青年恩格斯在《英国工人阶级状况》中详细地描述了英国工人阶级的生活境遇,揭露了生产方式与生产关系之间的矛盾以及生态环境的问题。在《国民经济学批判大纲》中,恩格斯提出并详细阐述了"人类同自然的和解以及人类本身的和解"的观点。[①] 恩格斯在《自然辩证法》中提出,不要妄图对自然过度剥削,这样只会导致自然的报复。针对生态主义者对马克思和恩格斯关于"人类中心主义""支配自然""生产力主义与生产力问题"的批评,岩佐茂也进行了反驳,他指出,马克思和恩格斯始终坚持人是自然的一部分,人类的文明演化应与自然实现充分和解与统一。马克思主义生态学内部也有关于"人"的主张,不能机械地单纯地从马克思主义生态学的角度去探寻生态社会主义的理论依据,生态社会主义需要跳出马克思恩格斯思想的藩篱,但他们也应承认马克思主义对当代生态运动有着重要的作用。事实上,马克思主义生态学思想的宝贵价值将远远超出其理论本身,最有意义也是最宝贵的财富是他们创立的辩证唯物主义及其带给思想理论界的批判精神和方法论。

[①]《马克思恩格斯文集》(第1卷),中共中央编译局编译,北京:人民出版社,2009年,第56—57页。

引　论

二、国内学者的研究状况

马克思恩格斯生态思想首先在发达国家起源与发展,所以首先是西方资本主义国家率先开始对马克思主义生态学开展研究,国内对此的研究相对较晚,所能搜集到的素材或学术成果也少于国外。国内学者的主要研究内容有以下两个方面:第一,对马克思和恩格斯的生态哲学观点进行文献综述式的整理、梳理、介绍与总结,挖掘马克思生态观不同著作观点之间的联系与支撑;第二,运用马克思主义生态理论,立足当下,尝试去解决当今我国和世界的生态问题,运用马克思主义生态哲学指导现实与实践,全面彰显马克思主义生态哲学的理论价值与时代影响。

国内学者普遍认为,马克思主义生态思想是马克思主义理论体系中的一部分,是研究人如何在当前社会制度和生产关系的背景下,并在维持自然平衡的基础上,实现自身发展,处理好人与自然关系的一门学科。自然,以及人与自然的关系是哲学、政治经济学、科学社会主义无法绕过的重要议题。在当代日益严峻的生态形势下,研究马克思的生态思想,人们会发现,作为伟大的思想家、哲学家,马克思和恩格斯以其深邃全面的思考和长远发展的目光,超前地发现了当前资本主义制度存在的问题,并提出了解决方法。国内学者以对马克思主义生态观的一致肯定与认可为前提,分别从不同的研究方向和角度去研究马克思主义生态哲学,分别揭示了马克思和恩格斯对人与自然的关系问题、环境危机及其解决方式等问题的思考和探讨成果,而这正是生态学和生态主义的根本问题。

广州市环境保护宣传教育中心编译的《马克思恩格斯论环境》一书,系统阐述并分析了马克思恩格斯关于自然、人类、环境、生产力的关系的理论。该著作分别从认识自然界、认识人自身、实现生产与自然界的物质变换、能量交换,如何看待科技进步、技术革新、环境困境、生产力与生产关系等方面进行了阐释,详细地指出了当今世界、社会现存的环境问题,发人深省。同时,该著作说明了人在社会与自然界中具有双重身份,人需要跨社会和自然界而生存,处理好人与自然的关系,合理地与自然界实现物质变换、能量交换。此外,该著作为深入研究马克思主义生态观提供了良好素材和文献综述。[1]

周义澄在《自然理论与时代——对马克思主义哲学的一个思考》一书中提到马克思主义的多本经典著作,立足于马克思主义根本理论,详细清晰地分析了马克思各个时期和阶段对于生态观的理解,阐述了马克思关于生态哲学的主要观点和理论概念,进而在工业社会发展的时期论证了这些主要观念的实施路径的可行性及时代价值。周义澄认为,马克思主义生态哲学对于后世的指导价值是巨大的,也是能够解决实际问题的,比如人类可以通过劳动来实现人与自然的物质变换,在不剥削自然的基础上实现人类自身的发展。同时,马克思主义也阐述了生产力与生产关系之间的联系,以及如何在当前的生产力与生产关系条件下实现人与自然的可持续发展。[2]

解保军在他的《马克思自然观的生态哲学意蕴——"红"与"绿"结合的理论先声》一书中非常详尽地梳理与总结了马克思主义生态哲学的基本观点,对理论的整体发展脉络进行了全面的说明和分析,指出马克思主义生态哲学观念对我国及全球解决生态问题有着很大的理论价值和指导意义。他认为,首先,人类实现自身发展是无可厚非的,人类实现发展首先要懂得尊重自然,与自然和谐相处,不去剥削自然,因为剥削自然就是剥夺我们自己的生存权益;其次,人与动物对待自然界的方式是不同的,

---

[1] 臧立主编:《马克思恩格斯论环境》,广州市环境保护宣传教育中心编译,北京:中国环境科学出版社,2003年,第32页。
[2] 周义澄:《自然理论与时代——对马克思哲学的一个新思考》,上海:上海人民出版社,1988年,第89页。

人的生产是全面的,是任何物种都未曾实现过的,人的本质就是通过劳动实现与自然界的物质变换,人的劳动过程也是自然界再生产、再创造与再恢复的过程,只有通过劳动实现人类自身发展,才有可能实现高度发达的社会主义社会和共产主义社会。在该书中,作者提出了人与自然关系等现实问题,可以说红色社会革命是绿色生态革命的理论先声。[1] 马克思和恩格斯是众多理论的集大成者,他们不仅仅是政治家、经济学家、社会学家,同时是资本主义时期以来第一批跳出时代局限来探讨生态问题的生态学家。早在19世纪,马克思和恩格斯就提出了生态的观念,提出了人与自然和谐相处的理念,从资本主义生产关系出发,警醒人们要充分尊重自然、善待自然,这样做的同时也是保护我们自己。除此之外,维护人类的生存权利,还要考虑人类目前的行为对于后世生态的影响。[2]

张蕾在《马克思主义生态哲学思想及其当代价值》一文中也分析了马克思恩格斯生态思想,她认为马克思恩格斯生态思想的理论体系是完备的,马克思恩格斯生态观的精髓主要是分析了如何看待生态问题、如何解决生态问题,这里面最重要的是如何处理好人与自然的关系、人与社会的关系等。同时,她说明了生态危机产生的原因,并提供解决路径,指出了马克思恩格斯生态观的现代意义。[3]

余正荣认为,马克思主义生态学主要涵盖了以下几个方面的内容:第一,在马克思主义生态哲学层面,人与自然是一个复杂而又对立统一的整体。马克思和恩格斯的生态哲学将这一整体作为主要研究对象,阐述了人的自然属性和自然的人化。第二,在科学与历史层面,人与自然的关

---

[1] 解保军:《马克思自然观的生态哲学意蕴——"红"与"绿"结合的理论先声》,哈尔滨:黑龙江人民出版社,2002年,第122页。
[2] 吴文娟:《马克思主义生态观视阈下我国生态文明建设研究》,《经济研究导刊》2024年第10期。
[3] 张蕾:《马克思主义生态哲学思想及其当代价值》,《延边党校学报》2023年第5期。

系伴随着自然的历史变化、科学技术的进步、生产方式和生产关系的不断变化而变化。马克思跳出资本主义制度的局限性,试图站在自然的视角去分析人与自然的本质联系,通过对劳动本身和对人类社会生产、组织形式历史变迁的研究,建立了唯物主义历史观,从而揭示了人与自然相互作用的本质。第三,科学的发展和社会的进步反而促进了人与自然关系的对立。要实现人与自然的真正和解,需要在生产技术和生产工艺方面遵循人与自然和谐统一的理念,克服人和自然之间的对抗,在人与人的关系、社会关系方面,人要实现自我的发展和社会进步。第四,人类在寻求自身发展的同时,还要考虑人与自然的平衡,因为人在发展的过程中,势必要向自然进行索取,但索取无度,势必会造成自然的"报复",所以要建立人类发展与自然发展的有益交换关系,进行可持续的物质变换、能量交换。①

另外,国内还有很多学者对马克思主义生态哲学开展了深入的研究,比如武汉大学桂起权、清华大学韩立新、北京大学杨学功、华南师范大学张来仪、苏州大学方世南等,以上学者的研究成果中都有一个共同的研究主题,就是从生态的视角出发,研究人与自然的关系。

目前学界主流的基本观点有:第一,对自然来说,人也是自然界的组成部分,并不能超脱自然界而存在,而人通常将自然界视为物质来源、能量来源,被人看作"自然生产力",所以从这点来看,人和自然必然会产生联结,要将这种联结升华为有益的循环。第二,资本主义制度下资本追求利润最大化,要求最大限度上发挥人的能动性,这种异化最终产生了生态危机。人要懂得节制有度,尤其是在生态与发展之间求得平衡,人通过实践改造世界,改造自然,但却不能肆意妄为,不要妄想人可以征服自然,战胜自然,沉浸在人无所不能的自负中。反之,人应该在改造世界的过程

---

① 余正荣:《生态智慧论》,北京:中国社会科学出版社,1996年,第97页。

中,对大自然产生敬畏之心,实现人与自然的和谐统一,实现人与自然的和谐相处。

对马克思生态思想的研究,还有一些学者将研究的方向和重点放在《1844年经济学哲学手稿》上。该著作主要揭示了马克思人与自然统一的思想,马克思统一人与自然关系,依靠劳动思想与理论,即人通过劳动这个"中介"实现人类社会与自然界的物质变换、能量交换,从而使得人与自然产生关联。整体理论框架以异化劳动贯穿始终,并通过对异化劳动的摒弃,逐步实现社会主义、共产主义。异化劳动表现为两个方面:一方面,生产关系与社会关系的异化,人在资本主义生产中变成了生产机器,生存环境逐渐恶化,导致了生存危机;另一方面,人总是将自身独立于自然界之外,认为人是可以主宰自然、征服自然的,在这种理念的支配下,人对自然界造成了破坏。基于现存的生态问题,只有在人类发展脱离资本主义生产关系局限,不断地向社会主义和共产主义阶段迈进,消除生产资料和财产的私有化的情况下,才可能摆脱异化劳动,人与自然的关系才可能恢复到共生共荣、互相成就、和谐共处的状态,也就是人与自然最终和解、统一的道路。

除了对马克思生态思想的研究,也有很多国内学者对恩格斯的生态思想展开了研究,或者是对于马克思与恩格斯的联合研究、对比研究。恩格斯的代表性著作《政治经济学批判大纲》《反杜林论》《自然辩证法》等,都深入细致地说明了当前生态环境的现状、人与自然的关系、人在自然界中所处的位置、人类破坏自然遭到反噬、人的生产关系和生产方式对于自然界的影响以及解决生态问题的办法等主题。

这些研究为指导当下和谐社会建设以及人与自然和谐发展,都提供了非常宝贵的启示和经验,但整体来说,还处在对马克思生态思想的梳理总结层次,理论分析还比较粗浅,在深度与广度上都有待进一步提升。虽然世界上有越来越多国家的学者对马克思主义理论进行研究和梳理,大家的重视和投入程度也在不断地提升，但是对于马克思主义生态思想或其中蕴含的哲学观念，并没有进行充分的解读或挖掘，大部分学者目前还是把目光放在了对马克思主义经济、政治的研究上，所引用著作最多的还是《1844年经济学哲学手稿》，对于其他文章或者著作研究相对较少。举例来说，马克思主义理论最著名的代表性著作之一《资本论》，其中很多表述都体现了马克思生态思想和生态学观点，但是为大家所熟知或者津津乐道的，还是关于经济、政治、社会领域的思想，部分研究内容也还有待深化。实际上，《资本论》是马克思最早提出生态哲学观点的著作，通过阐释生产力和生产关系，引出自然界对人类生存的重要作用，主张通过劳动和实践，在合理范围内实现人与自然的物质变换、能量交换，不能过度向自然进行索取，要走可持续发展之路。除了《1844年经济学哲学手稿》和《资本论》，马克思还在很多著作中对可持续生态发展做了论述，比如他在柏林大学的博士论文、《神圣家族》、《德意志意识形态》等。

译介和评述国外马克思主义生态学和生态社会主义的学术成果也是一个重要方面。这一方面第一类成果集中在翻译国外著作上，国内的马克思主义文献中具有代表性的著作有：莱斯的《自然的控制》和《满足的极限》，科威尔的《自然的敌人》，阿格尔的《论幸福的生活》和《西方马克思主义概论》，福斯特的《马克思与自然》和《马克思的生态学：唯物主义与自然》，奥康纳的《自然的理由——生态马克思主义研究》，伯格特的《马克思和自然——一种红绿观点》，俞吾金和陈学明的《国外马克思主义哲学流派新编·西方马克思主义卷》等。第二类是对于马克思主义的分析与点评，并将马克思主义与历史、文化相结合进行深刻剖析。具有代表性的成果有：王雨辰的《当代西方马克思主义哲学研究》和《哲学与文化价值批判——解读当代西方马克思主义》，刘仁胜的《生态马克思主义概论》，徐艳梅的《生态学马克思主义研究》，郭剑仁的《生态地批判——福斯特的生态马克思主义思想研究》。上述这些成果对国内外的马克思主义生态观念进行了认真分析,指出了对我们生态建设的借鉴意义,具有重要的理论价值。

当前国内学者对马克思恩格斯生态观的挖掘与梳理,都是为了服务当前中国的现代化建设。当然,也有很多学者运用马克思主义生态哲学的观点去解决实际问题。我国当代"以人为本,全面协调可持续发展"的科学发展观和构建和谐社会的目标也是在生态文明建设实践中总结出来的,同时是对马克思恩格斯生态观的继承与发扬。"人类命运共同体"的理念也要求我们要关注全人类的生存与发展。虽然马克思和恩格斯的生态思想与观念一段时间以来未得到充分挖掘与阐释,但马克思和恩格斯的生态思想是其唯物思想的重要组成部分,对于解决我国现存的生态问题具有巨大的指导作用。例如,余谋昌的《生态哲学》尽管未从马克思和恩格斯的著作中挖掘已有观点,也没有直接阐述马克思和恩格斯的生态思想,但是其整体论述使用了马克思主义的理论、观点和方法,分别从理论层面和实践层面对马克思主义生态哲学进行研究与探讨,把生态哲学看作"后现代的哲学世界观",体现了理论深度和高度。他在马克思主义理论的指导下,将生态的概念分别拆解为不同的层面进行分析,比如政治层面、经济层面、社会层面、文化层面、伦理层面等。余谋昌的另外一部力作《生态文化论》已经不再局限于生态领域了,更多的是站在文化的视角去探讨生态文化,在更加宽泛的层面上研究其对经济社会发展所产生的影响,这部著作也是马克思主义生态观的具体体现。任春晓所著的《环境哲学新论》把生态问题上升到哲学层面,并且在马克思主义哲学的视野中,用马克思主义的理论和唯物主义辩证法对环境问题进行了哲学上的定义和哲学反思。叶峻主编的《社会生态经济协同发展论》把可持续发展观作为主要思想,在著作中运用马克思主义人与自然协同发展的观点,将其作为理论基石,由此将马克思主义生态思想放在人与自然、人与社会以及经济文化等各个领域进行详细阐述,并贯彻到对当前社会发展的探索之中。在谈及诸如人类命运共同体、人与自然和谐相处、绿色发展观等概念的时候,大部分学者都会运用马克思和恩格斯的理论来解决实际遇到的问题,这些著述主要着眼于阐释马克思恩格斯生态思想与当前科学发展观、人与自然命运共同体理论的内在关联。作者们大都从文本出发,在马克思和恩格斯关于人与自然的表述中挖掘出人与自然和谐统一、人类社会可持续发展的思想,并努力使用马克思和恩格斯的生态观作为可参考的理论武器来指导当代中国发展。

学界这些探索与研究都是为了最终实现生态文明建设这个目标,并且做出了很多有益的尝试,提供了多种思路和线索,但是我们不能只停留在理论层面,还要有针对性地根据我国生态问题实际,找到可持续发展的道路,建设生态文明社会。和谐社会的概念或者理念并不是海市蜃楼,而是一定要实现的伟大目标,是要不遗余力去完成的任务。为了实现社会可持续性发展、建设和谐社会,要将这个宏伟的目标分解成各个子项目、子目标去完成,踔厉奋进、笃行不怠,量变积累引起质变。首先,从理论层面上讲,我们要找到针对性解决我国现存生态问题的有力理论武器,探讨我国生态问题产生的原因,这样才能认清现实,切实找到行之有效的方案。马克思主义生态思想对我国建设生态文明社会有着非常重要的指导意义,能为我国民众形成正确的生态价值观树立积极典范,对马克思主义生态思想在我国的广泛应用产生积极的作用。

第三节　研究思路

本书主要从生态观视角和生态哲学视角研究马克思主义生态思想的发展历程和主要内容,通过对马克思主义生态思想的研究,剖析与探索我国生态文明建设存在的问题及其产生的原因,并研究解决方法。在对马克思生态思想的研究过程中,通过对不同时期的马克思主义生态思想的研究对比,可以推演出发展线索。结合对马克思恩格斯经典著作的梳理和分析,对比西方资本主义国家的生态实践路径,从理论根源对马克思主义生态思想进行分析,本书力求从中找到一条适合我国社会主义生态文明建设的发展之路。

第四节　研究方法

本书所采用的研究方法有如下几种:第一,历史与逻辑统一性分析法。对马克思主义生态思想的研究分为产生、演进、成熟等几个阶段,将马克思恩格斯思想的基本内容、特征进行阐述与梳理,并从历史的时间线和同时期各类生态观念的视角对其进行分析,将历史与现实相结合,突出理论意义和现实意义,呈现出历史与逻辑的和谐统一性。第二,文本分析法。对于马克思主义生态思想的研究,一定要忠于原著、忠于文献,才能客观地对马克思生态观念进行分析,忠于马克思和恩格斯的原著,是保证客观分析的必要手段。梳理马克思和恩格斯不同发展时期的历史论述,对于研究我国生态文明具有很大的借鉴意义。研究如何建设我国生态文明,理论依据是马克思和恩格斯的生态观念,需要对马克思和恩格斯的重要论述进行研读,这点尤其关键。第三,比较分析法。本书从马克思恩格斯生态哲学理论出发,对其生态观念进行研究,阐述马克思恩格斯生态思想的影响。同一时期不同哲学流派对于生态问题的观点各异,通过对比分析的方法可以很直观地看到不同理论之间的差异,从而更加清晰地对不同理论进行关联性分析和差异性分析,而这种差异正是很好的研究马克思恩格斯生态思想的有效手段。第四,理论与实践相统一。本书的研究重点是马克思主义生态思想及其当代价值,并以历史为依据,以现实为前提,结合我国建设和谐社会的宏伟目标,找到适合于中国特色的生态文明建设之路。本书以历史理论为出发点,关注现实问题,在历史理论的基础上寻求有价值的借鉴材料,理论和实践相结合,体现学术研究的现实意义。

第五节　研究创新点

本书的创新点在于,第一,在以往研究成果的基础上,进行现实的有益思考,这可以提升研究的拓展性和实效性,达到对于马克思主义生态思想的全面溯源与研究,对马克思主义各个历史时期的生态观念进行横向全面分析和纵向深入探讨。第二,从多个层面、多个视角、多种维度对马克思主义生态思想进行论述与分析,包括政治、经济、社会、文化、伦理、自然等多个视角,并且在此基础上对国内外不同思想家的理论进行对比分析,从而阐释马克思主义生态思想的历史价值和当代意义。

第一章 | 马克思恩格斯生态思想的理论渊源

- 第一节 自然主义思潮以及自然科学、生态科学对马克思恩格斯生态思想的影响
- 第二节 人本主义、社会主义思潮对马克思恩格斯生态思想的影响

第一章 马克思恩格斯生态思想的理论渊源

在马克思和恩格斯生活的年代,生态问题还不是突出问题,但是他们关于人与自然关系的论述中蕴含了生态思想。马克思恩格斯生态思想是以马克思恩格斯哲学、社会学思想为基础,结合自然科学和生态科学形成的一种关注人与自然关系、生态危机和可持续发展的哲学思想。作为本书的整体研究对象和指导思想,只有先厘清马克思恩格斯生态思想的理论体系,才能为后文提出问题与寻求解决方法打下坚实的理论基础。

马克思和恩格斯不仅深刻揭示了人类社会发展的规律,他们的理论也蕴含了丰富的生态哲学思想。在生态问题日益凸显的当下,探究马克思恩格斯生态思想的渊源,对于理解其内涵、把握其精神实质,以及指导我们应对生态环境挑战具有重要意义。

马克思恩格斯生态哲学思想主要受到自然主义和人本主义两大哲学思潮的影响。它们共同构成了马克思和恩格斯关于人与自然关系的思想渊源。

第一节 自然主义思潮以及自然科学、生态科学对马克思恩格斯生态思想的影响

自然主义哲学思潮的影响。自然主义哲学思潮是一种强调自然世界的客观性和科学性的哲学思想。它认为自然是世界的基础和本源,人类应该遵循自然的规律来生活和发展。这一思想为马克思恩格斯生态思想提供了重要的理论基础。在自然主义看来,自然是客观存在的,它的运行遵循着一定的规律。人类作为自然的一部分,必须尊重并遵循这些规律,

才能实现与自然的和谐共生。马克思恩格斯生态观念吸收了这一思想,强调人类应该正确认识和处理人与自然的关系,尊重自然、保护自然,避免过度开发和破坏生态环境。此外,自然主义还强调科学的客观性和理性的重要性。它认为,通过科学的方法可以认识自然、理解自然。这一思想为马克思恩格斯生态观提供了方法论依据。马克思恩格斯生态思想认为,要解决生态环境问题,必须依靠科学的方法和手段,深入研究自然的规律,找出解决问题的有效途径。

马克思恩格斯生态思想在一定程度上继承并发展了自然主义哲学的自然观。费尔巴哈认为,自然界的物质存在是先于人类意识的,这意味着自然界的物理和化学过程不受人类意志的影响。这一观点强调了自然界的客观性,并将其视为哲学思考的基础。费尔巴哈认为,人类是自然界的一部分,而不是超脱于自然的存在。他强调人类与自然之间存在着密切的联系,人类的生存和发展依赖于自然环境。马克思继承并发展了费尔巴哈的观点,形成了辩证唯物主义自然观。在《神圣家族》一书中,马克思通过对费尔巴哈的批判,进一步深化了对人的属性的理解。马克思认为,人不仅是自然的一部分,而且通过劳动实践与自然发生互动,这种互动塑造了人类社会和文化。此外,马克思在《1844年经济学哲学手稿》中提出了人与自然的辩证关系,认为人是自然的一部分,同时通过劳动实践改造自然。[1]

自然科学对马克思恩格斯生态思想的影响。达尔文的《物种起源》(1859年)提出了自然选择和生物进化的理论,为马克思恩格斯生态思想提供了新视角。马克思和恩格斯认为,正如物种适应环境一样,社会形态也在不断适应其物质条件,这为理解社会变迁提供了自然历史的视角。马克思和恩格斯借鉴了达尔文的自然选择理论,将其类比于社会形态的演变。他们认为,社会结构和生产方式同样经历着一个由低级向高级演

---

[1] 李月:《关于新时代大学生劳动观的培养研究》,《沈阳干部学刊》2021年第2期。

进的过程,这一过程受到生产力发展水平的驱动。就像生物种群适应环境一样,社会形态也必须适应其物质生产条件,否则就会被淘汰。在《德意志意识形态》中,马克思和恩格斯阐述了物质生产对社会结构的影响,他们认为,社会的经济基础决定了其上层建筑(法律、政治、宗教、艺术等)。随着生产力的进步,生产关系也会发生变化,从而引发社会形态的转变。例如,从封建社会向资本主义社会的过渡,就是生产力发展和生产关系变革的结果。进化论提供了一种理解人类与自然之间关系的框架,即人类社会的发展不应与自然环境的健康相冲突。恩格斯在《反杜林论》中提出了"物质代谢断裂"的概念,这指的是资本主义生产方式破坏了自然界的物质循环,导致土壤贫瘠和生态失衡。这一理论直接受到了李比希的农业化学理论和达尔文的自然选择理论的影响。

自然科学的蓬勃发展,为马克思恩格斯生态思想的产生提供了动力和参考。康德-拉普拉斯的星云假说阐述了宇宙的变迁和太阳系的形成过程,洋洋洒洒地描绘出了物理世界的斗转星移,否定了神创造世界、神决定一切的神学理论,为当时的人们认识世界、理解世界开辟了先路。因此恩格斯在《反杜林论》中对星云假说给予了积极评价,认为它在"僵化的自然观上打开第一个缺口"[①]。英国地质学家C.赖尔描述了地层的缓慢演化,首次以"进化"的视角,阐明了地质变迁的过程;德国的F.韦勒成功用无机原料人工合成尿素,并且通过这种合成尿素打开了无机世界的大门,进而也发现了无机世界与有机世界的关联;施莱登和西奥多·施旺是细胞学说的共同创立人,他们发现了植物细胞的存在与发展,以及人类生长的新陈代谢,两者均与自然环境高度相关;能量守恒定律证明了物理运动与自然界其他物质之间的联系,每种物质都不是孤立存在的,它们普遍联系并且相互统一。自然科学的发展不断证明,自然界是发展变化的,事

---

① 王英:《康德星云假说的哲学意蕴》,《广西社会科学》2005年第9期。

物是有普遍联系的。这些关于自然界自身联系和发展的发现与变革，引起了社会思潮的强烈震动，也为马克思唯物主义思想的产生提供了直接的动力和参考。这些自然科学的发展共同促进了马克思恩格斯生态思想的形成。马克思和恩格斯吸收了这些科学成果，将其融入他们的理论体系中，形成了对自然和社会历史的辩证唯物主义理解。他们认识到，自然与社会是相互联系和相互制约的，人类的活动必须考虑到自然的限制，以实现可持续发展。这些科学发现为马克思恩格斯生态思想提供了实证基础，强调了人类社会与自然环境之间的动态平衡和相互依赖性。

生态科学对马克思恩格斯生态思想的影响。生态科学对马克思恩格斯生态思想的影响是多方面的，它不仅提供了实证研究成果和理论框架，还深化了对资本主义生产方式与环境破坏之间关系的理解。

马克思恩格斯生态思想借鉴了生态科学家提出的物质代谢理论，并将其应用于社会经济系统中。生态科学揭示了生态系统中物种间复杂的相互作用，以及它们与环境的紧密联系。这种相互依赖性被马克思恩格斯生态思想用来解释人类社会与自然环境之间的关系，他们强调，任何对自然界的干预都会产生连锁反应，可能影响到生态系统的稳定性。生态科学家研究的物质代谢过程（如碳循环、氮循环等）对马克思恩格斯生态思想产生了启发，他们将这种代谢概念应用于社会经济系统，提出了"物质代谢断裂"理论。这一理论由恩格斯在《反杜林论》中首次提出，后经约翰·福斯特等人发展，用于解释资本主义农业和工业对自然物质循环的破坏，以及由此导致的生态失衡。尤斯蒂斯·冯·李比希是农业化学的奠基人，他强调了土壤营养循环的重要性。李比希认为，土壤肥力并非无限，过度耕作会导致土壤中关键养分耗尽，从而降低农作物的产量。他提倡通过施肥来补充土壤中缺失的养分，尤其是氮、磷和钾，这些是作物生长所必需的主要营养元素。李比希的理论推动了化肥工业的发展，但也引发了对过度使用化肥可能导致的土壤退化和环境污染的担忧。恩格斯在《家庭、私有制和国家的起源》中提到了李比希的农业化学理论,特别是关于土壤肥力耗尽的问题。恩格斯认为,资本主义农业追求短期利润最大化,忽视了土地的长期可持续性,导致了土壤的退化和肥力的下降。他写道:"我们掠夺自己的土地,就像掠夺奴隶一样,直到它们精疲力竭。"[1]恩格斯批评了资本主义农业对土地的破坏性使用,呼吁恢复自然生态系统的平衡,以确保农业生产的长期可持续性。

生态科学家关注环境不平等,即不同社会群体因地理位置、种族、阶级等因素不同而遭受不同程度的环境危害。马克思恩格斯生态思想进一步分析了这种不平等与资本主义社会结构之间的关系,强调了环境正义的重要性,即在环境保护和资源分配中实现公平。

其实每种自然科学的重大发现,背后都蕴含着极其深刻的哲学内涵,也是在这一背景下,受到自然科学重大发展的启发,马克思的生态哲学观念也得到了进一步的完善和发展,从主观经验走向了客观辩证。

第二节 人本主义、社会主义思潮对马克思恩格斯生态思想的影响

人本主义哲学思潮的影响。人本主义哲学思潮强调人的中心地位,主张将人的需求和利益置于社会和经济发展的核心位置。这一思想为马克思恩格斯生态思想提供了重要的理论来源。人本主义认为,人的尊严和价值应该得到尊重和实现,但在生态问题日益严重的背景下,人的生存和发展受到了严重威胁。因此,解决生态环境问题不仅是自然的需要,更

---

[1]《马克思恩格斯文集》(第4卷),中共中央编译局编译,北京:人民出版社,2009年,第56页。

是人的需要。马克思恩格斯生态观吸收了这一思想,强调在保护生态环境的同时,也要关注人的生存和发展需求。此外,人本主义还强调人与自然和谐共处的重要性。它认为,人类应该与自然建立一种和谐的关系,而不是对立的关系。这一思想为马克思恩格斯生态思想提供了重要的启示。马克思恩格斯生态思想认为,实现人与自然的和谐共生是解决生态环境问题的根本途径。人类应该通过改变自身的行为方式和生活方式,减少对自然的破坏和污染,实现与自然的和谐共处。

马克思早期的著作中就体现出了人本主义的色彩,特别是在《1844年经济学哲学手稿》中,他提出了人的异化理论,这是对资本主义生产方式下人的异化状态的一种批判。马克思的人本主义思想启示后来的马克思恩格斯生态思想家们关注资本主义生产方式对人的异化作用以及对自然的破坏。这种观点强调,解决生态危机需要同时解决社会不平等问题。

人本主义哲学批判了现代工业社会中人的异化现象,这一观点进一步丰富了马克思恩格斯生态思想中对于异化的解释。在马克思恩格斯生态思想中,异化的概念不仅涉及人与劳动产品的疏离,还扩展到了人与自然之间的关系。在《1844年经济学哲学手稿》中,马克思提出了"异化"的概念。他指出,资本主义生产方式导致了人的异化,即人与劳动产品、劳动过程、类本质以及他人之间的疏离。"劳动不仅生产商品,它还生产劳动者本人,生产工人,再生产劳动力。"[①]这句话强调了资本主义生产方式如何导致人的异化,使人在劳动中失去自我。

社会主义思潮的影响。在人类思想发展的长河中,社会主义思想的演进犹如一颗璀璨的明星,为社会变革与进步照亮了前行的道路。空想社会主义率先开启了对理想社会的憧憬与批判现实的先河,众多流派的社会主义思潮随后蓬勃兴起,它们犹如涓涓细流,汇聚成强大的思想洪

---

① 《马克思恩格斯文集》(第1卷),中共中央编译局编译,第135页。

流。在社会主义思想体系的发展历程中,其对马克思恩格斯思想的塑造产生了极为深远且关键的影响,从批判资本主义弊端到构建理想社会蓝图,从理论内涵的丰富到社会变革实践的引导,都深刻地镌刻着社会主义思想的印记,促使马克思恩格斯思想逐步形成并发展为具有系统性、科学性和革命性的理论体系,为人类认识和处理人与自然关系提供了全新的视角与坚实的理论基石。

社会主义思潮对马克思恩格斯生态思想的影响同样不可忽视。在理论丰富与拓展层面,各种社会主义思潮的百家争鸣为马克思和恩格斯提供了广阔的思想源泉。封建社会主义对封建制度与资本主义弊端进行双重批判,其中涉及封建时期土地关系、贵族对自然资源的垄断以及资本主义兴起后对传统生态秩序的冲击等内容,让马克思和恩格斯能从历史发展的脉络中梳理出人与自然关系的演变轨迹。基督教社会主义以宗教伦理视角探讨社会公平与生态责任,其倡导的关爱自然、尊重生命的理念,促使马克思和恩格斯思考如何在社会变革中融入道德与伦理对生态保护的约束机制。工场社会主义对工厂内部生产组织与工人生活状况的研究,使马克思和恩格斯关注到工业生产微观层面的生态问题,如工厂内部的劳动环境改善,资源浪费现象的治理等与宏观生态保护之间的联系。无政府社会主义对自由、平等以及社会自组织的强调,启发马克思和恩格斯思考在没有过度政府干预下,社会成员如何基于生态自觉来构建生态友好型社会,即如何通过社会成员的自我教育、自我管理实现对自然资源的合理利用与保护。

具体来说,法国唯物主义者爱尔维修在《论人的理智能力和教育》中指出:"人是环境与教育的产物,这里的环境包括人们生活于其中的社会环境等诸多方面。"[①]这一观点使马克思和恩格斯认识到人类的思想和行

[①] [法]爱尔维修:《论人的理智能力及其教育》,汪功伟译,上海:生活·读书·新知三联书店,2021年,第132—142页。

为是受社会环境影响的,进而促使他们思考人类社会与自然环境之间的相互关系。马克思和恩格斯由此深入研究资本主义社会环境下人们对自然的态度和行为,发现资本主义生产方式导致了人们对自然的过度掠夺和破坏,因为在资本主义社会环境中,资本家为追求利润最大化,将自然视为获取财富的资源,忽视了自然的生态价值。例如,马克思在《资本论》中详细描述了资本主义工业生产对自然资源的大量消耗以及对生态环境的污染,恩格斯在《英国工人阶级状况》中也揭示了工业城市中恶劣的生态环境及其对工人阶级生活和健康的严重影响。这些都是基于对资本主义社会环境与自然环境关系的深刻洞察,而这种洞察的起点可以追溯到法国唯物主义者对人与环境关系的强调。法国唯物主义者在强调人是环境与教育的产物的同时,提出了"意见支配世界"的观点,这一观点引发了马克思和恩格斯对人类主观能动性与客观环境关系的深入探讨。马克思和恩格斯批判了"意见支配世界"的思想,但也承认其部分观点即人的主观能动性的重要性。他们认为人类在认识和改造自然的过程中,不能仅仅被动地适应环境,而应发挥主观能动性,通过实践活动来改变不合理的社会制度和生产方式,以实现人与自然的协调发展。例如,马克思强调人类通过有意识、有目的的劳动来改造自然,创造出满足自身需要的物质财富,但同时指出这种改造必须遵循自然规律,否则就会遭到自然的报复。恩格斯则在《自然辩证法》中详细阐述了人类与自然的辩证关系,强调人类要正确认识和运用自然规律,实现人类社会与自然环境的可持续发展,这一思想正是在对法国唯物主义相关观点的批判性思考和超越的基础上形成的。

拉萨尔主义以拉萨尔为主要代表人物,曾被马克思称为"普鲁士王国政府的社会主义"[①]。拉萨尔认为无产阶级只要通过和平的合法的斗争,

---

[①]《马克思恩格斯文集》(第3卷),中共中央编译局编译,北京:人民出版社,2009年,第444页。

争得普选权,就可以把君主专制国家变为自由的人民国家,否认无产阶级进行经济和政治斗争的必要性。[1] 马克思和恩格斯虽然对拉萨尔主义的机会主义观点进行了批判,但这种思潮也促使他们更加深入地思考无产阶级革命的道路和方式,强调了无产阶级专政和阶级斗争的重要性,认为只有通过无产阶级革命,推翻资本主义制度,建立社会主义社会,才能从根本上解决生态问题,实现人类社会的可持续发展。

基督教社会主义的代表人物如菲力浦、费里西德等,他们把基督教的社会原则运用到现代工业生活中,主张建立一个既非资本主义,也非共产主义的人道主义的真正平等自由的新社会。他们认为基督教及其道德是社会进步的主要动力,应弘扬基督教的平等、博爱、慈善原则,使社会主义基督教化。马克思和恩格斯指出"基督教的社会主义,只不过是僧侣用来使贵族的怨愤神圣化的圣水罢了","僧侣的社会主义也总是同封建的社会主义携手同行的"[2],从而对其进行了批判。对基督教社会主义的批判,使得马克思和恩格斯更加明确了科学社会主义与其他非科学的社会主义思潮的区别,坚定了以唯物主义历史观为基础来构建生态思想的立场,强调从社会生产方式和经济基础等物质层面去分析生态问题的根源,而不是从宗教或道德等精神层面去寻求解决之道。

在社会变革推动方面,社会主义思潮所倡导的社会变革理念促使马克思和恩格斯深入探究社会发展动力与生态问题之间的关系。马克思在《资本论》中深刻指出:"资本主义生产方式按照它的矛盾的、对立的性质,还把浪费工人的生命和健康,压低工人的生存条件本身,看作不变资

---

[1]《新编世界社会主义词典》,中共中央编译局世界社会主义研究所编,上海:上海辞书出版社,1996年,第998页。
[2]《马克思恩格斯文集》(第2卷),中共中央编译局编译,北京:人民出版社,2009年,第54页。

本使用上的节约,从而看作提高利润率的手段。"①他们认识到,资本主义制度下的生态危机是系统性的,与资本主义的生产方式、分配制度以及社会阶层结构密切相关。例如,资本主义的全球化扩张导致资源掠夺从本土延伸至殖民地,加剧了全球生态不平衡。因此,只有通过彻底变革资本主义制度,建立以人民为中心的社会主义社会,才能从根本上调整生产关系,使生产目的从追求利润转变为满足人民美好生活需要,进而在全社会范围内合理规划资源利用、治理环境污染、保护生态平衡。

从工人运动引导角度而言,社会主义思潮在工人阶级中的传播激发了工人的阶级意识与生态觉醒。马克思和恩格斯看到工人阶级作为资本主义生产的主体,不仅承受着劳动剥削带来的经济贫困,也饱受恶劣劳动环境与生态破坏之苦。如恩格斯在《英国工人阶级状况》中描述工业城市中工人聚居区的恶劣卫生条件:"在大城市的中心区,在四周全是建筑物、新鲜空气全被隔绝了的街道上和大杂院里,就完全是另外一回事了。这里的空气通常都是很污浊的,很有害于健康……"②这就是指工厂排放污染物对工人健康的损害。因此,他们将生态思想融入工人运动的理论指导中,倡导工人阶级在争取自身政治、经济权利的同时,也要将生态权益纳入斗争目标。工人阶级在推翻资本主义制度的革命过程中,要致力于建立一个生产资料公有制的社会。在公有制下,全体人民共同占有和管理自然资源,能够依据科学规划和长远利益来开发利用资源,避免资本主义私有制下的短视和掠夺性开发,从而实现人与自然的和谐共生以及人类社会的可持续发展。

空想社会主义对马克思恩格斯生态思想的影响是深刻而多维度的。

---

① 《马克思恩格斯文集》(第7卷),中共中央编译局编译,北京:人民出版社,2009年,第102页。

② 《马克思恩格斯文集》(第1卷),中共中央编译局编译,第438页。

在资本主义批判方面,空想社会主义者敏锐地洞察到资本主义制度下的诸多丑恶现象,其批判直击要害。正如莫尔在《乌托邦》中所揭示的"你们的绵羊本来是那么驯服,吃一点点就满足,现在据说变得很贪婪很凶蛮,甚至要把人吃掉……"①这让马克思和恩格斯深刻认识到在资本积累初期,为了追求利润最大化,资本主义不惜以牺牲农民利益和破坏传统农业生态为代价,将大量耕地转为牧场,这种对土地资源的不合理利用和对农民生存空间的挤压,是资本主义逐利性在生态领域的早期暴露。傅立叶对资本主义工厂和雇佣劳动的揭露,使马克思和恩格斯意识到资本主义生产关系下工人的异化劳动,不仅造成了社会阶级矛盾的尖锐化,还导致了对自然资源的掠夺性开发。因为在异化劳动状态下,资本家为了获取更多剩余价值,不断加速生产过程,忽视了生产对环境的影响,使得工业污染加剧、资源过度消耗。欧文抨击了资本主义私有制,认为资本主义私有制是一切阶级纷争的根源,他的观点引导马克思和恩格斯思考私有制是如何扭曲了人与自然的正常关系。在私有制框架下,土地、森林、矿产等自然资源成为少数人谋取私利的工具,这种对自然资源的私人占有和无序开发,必然引发生态失衡。

从理想社会构想来看,空想社会主义者所设计的理想社会模式蕴含着丰富的生态智慧。欧文倡导的"劳动公社",强调公社成员共同劳动、共享成果,在这样的社会里,人们会基于整体利益来规划土地利用,发展农业与工业。例如,在农业发展方面,人们会合理安排农业生产布局,避免过度开垦和单一作物种植导致的土壤肥力下降与生态破坏;在工业发展方面,也会注重资源的循环利用,减少废弃物排放。圣西门的"实业制度"设想中,强调以实业为基础来组织社会生产,这种实业发展理念如果结合生态考量,会促使人们在发展工业实业时注重与自然环境的协调,如工厂

---

① [英]托马斯·莫尔:《乌托邦》,戴镏龄译,北京:商务印书馆,1982年,第36页。

合理选址，避免在生态敏感区域布局污染性产业，同时注重开发环保型的工业技术。傅立叶的"和谐制度"构想更是突出了社会各要素之间的和谐共生，其中人与自然的和谐是重要组成部分。他提出的"法郎吉"协作社模式，在组织生产与生活过程中，会充分考虑当地自然资源的承载能力，根据不同地区的自然禀赋发展特色产业，如在山区推进林业、畜牧业与特色农产品加工业的有机结合，在平原地区发展高效农业并使农产品加工与贸易协同发展，从而实现经济活动与生态环境的良性互动。

马克思生活的年代既是百家争鸣的时代，也是一个科学技术、社会科学急剧发展与进步的时代。自然科学和生态科学对马克思恩格斯生态思想的影响是深远的，它们不仅为马克思恩格斯生态思想提供了实证基础，而且激发了他们对人与自然关系的新思考。马克思和恩格斯自身的思想就深受当时自然科学成就的影响，特别是达尔文的进化论和李比希的农业化学理论，这些科学理论促使他们发展出关于自然与社会关系的深刻见解。

通过对马克思恩格斯生态思想渊源的探究，我们可以更加深入地理解其内在逻辑和价值追求，为构建美丽中国、实现中华民族永续发展提供坚实的理论支撑和实践指导。同时，我们也应当认识到，马克思恩格斯生态思想是一个开放的理论体系，它需要不断吸收新的理论成果和实践经验来丰富和发展自身。因此，我们应当保持开放的态度和创新的精神，不断推进马克思恩格斯生态思想在当代的发展与应用。

第二章 | 马克思恩格斯生态思想的发展历程

- 第一节 马克思恩格斯生态思想的萌芽阶段
- 第二节 马克思恩格斯生态思想的形成阶段
- 第三节 马克思恩格斯生态思想的成熟阶段

第二章 马克思恩格斯生态思想的发展历程

马克思恩格斯生态思想经历了萌芽、形成、成熟三个阶段,萌芽阶段以马克思的博士论文《德谟克利特的自然哲学与伊壁鸠鲁的自然哲学的差别》(1841年)为标志,通过自然哲学视角在一定程度上观照了人与自然的关系问题,即生态问题。形成阶段以马克思的《1844年经济学哲学手稿》为标志,不仅思考了人与自然的关系,而且通过对劳动和异化劳动的分析深化了对人与自然关系的理解。成熟阶段以马克思和恩格斯的《德意志意识形态》(1845年)为主要标志,扬弃了自然主义和人本主义哲学思潮的影响,以唯物史观重新思考人与自然的关系。从最初关注生态问题的存在,到对于资本主义制度的存在而引发的环境破坏和生态危机的机制进行深入分析和批判,马克思和恩格斯最终提出了可持续发展的理念,为人类和自然的和谐共生提供了重要的思想支持。

第一节 马克思恩格斯生态思想的萌芽阶段

马克思恩格斯生态思想的萌芽,可追溯至青年马克思对人与自然关系的初步思考,特别是他对人与动物之间区别的深刻认识。在马克思的早期著作中,我们可以清晰地看到他对于人类独特性的强调,即人类拥有主观能动性,能够有意识地通过劳动来改造自然环境,合理利用自然资源以促进自身的发展。这种观点不仅奠定了马克思后来关于人类社会发展的理论基础,还预示了其生态思想中的重要命题:人类在改造自然的过程中,必须寻求与自然和谐共存之道。随着时间的推移,马克思通过不断的学习、实践与理论总结,逐步形成了更为科学和理性的自然观。更重要的是,他开始批判地看待人类与自然的关系,强调自然界的客观存在独立于人类意识之外,反对将自然视为可以任意操控的对象。这一转变标志着马克思的生态思想从早期的感性认识到理性认识的飞跃,为后来马克思和恩格斯共同提出的生态社会主义理论奠定了坚实的基础。

对人与动物之间区别的认识。青年时期的马克思在创立现代唯物主义之前就开始思考人与自然的关系、人与动物的区别。中学时期,马克思虽然还没有真正走向唯物主义,但他已经明确地提到,虽然自然界中存在着人与动物、植物等各种生物体,但只有人是具备主动智能的生物,可以主动地、有意识地通过劳动改造自然,合理利用自然资源去谋求自身发展,其他生物体目前是无法做到这些的,所以人的主观能动性从根本上区分了人与动物。人的选择权和主动适应性,让人在开展实践活动时并没有某个特定范围限制。人类改造自然的过程,也是一个自我成长的过程——即在人类自身发展与自然承受能力之间求得平衡。人类的改造范围不断地扩大,对于自然资源开发的深度、广度不断地扩展,人类自身的需求与欲望驱使着人们不断探索自然。

对大自然的认识。马克思读书阶段的很多个人文章中都有对自然的描写,体现出马克思对自然的热爱与敬畏,以及人类主体的真挚情感,包括人的主动作为、崇尚自然、关怀自身发展等。但是限于其个人经历和知识储备,此时马克思对于自然界的认识还是比较感性和粗浅的,还停留在经验层面上。

随着马克思不断地学习、实践与总结,他对自然的认识也在不断地提高。他认为,对自然的理解和认识绝不能只从精神的层面出发,因为自然界的存在并不以人的意识为转移,并不会因为人的精神而发生改变,因此他也反对人能够超越自然、随心所欲地驾驭自然的言论与行径。马克思在他的博士论文《德谟克利特的自然哲学与伊壁鸠鲁的自然哲学的差别》中运用他的批判方法,细致地论述了德谟克利特和伊壁鸠鲁自然哲学的区别,明确地指出了伊壁鸠鲁的哲学理论是德谟克利特的继承与发展,进一步肯定了人的主动性、积极能动性的重要作用,明确人类生存和进步的前提是自然界。[①] 从此之后,马克思对于自然界的理解、对于生态哲学的认知走出了思辨哲学,迈向了以物质为基础的客观哲学,这些理念都是基于对自然的正确认知而建立起来的。

第二节 马克思恩格斯生态思想的形成阶段

从马克思早期对人与自然关系的初步探索,到其思想的逐渐成熟,我们可以清晰地看到一条贯穿始终的主线,即人与自然的辩证关系及其在社会发展中的作用。在思想萌芽阶段,马克思已经敏锐地意识到人与动物的根本区别在于人类能够有意识地通过劳动改造自然,实现自我发展。随着马克思对社会现实的深入观察与理论研究,他不仅进一步深化了对这一区别的认识,而且开始探讨人与自然之间更为复杂的关系网络,特别是在资本主义生产方式下,劳动异化如何导致了人与自然关系的异化。在思想形成阶段,马克思的思想体系得到了显著的发展和完善。他不仅详细阐述了人与动物的区别与联系,还更深入地分析了人与自然界的紧密关联,强调了人作为社会性存在的本质特征。马克思在这一阶段对人与自然关系的进一步论述包括:人与动物的区别与联系,主观能动性的重要性,劳动异化对人与自然关系的影响,以及马克思对未来社会的构想。通过对这些内容的分析,我们将更好地理解马克思如何从哲学、经济学和社会学等多个角度,全面审视人与自然的关系。

---

① 周巩固:《"冬天里的哲学"——希腊化时代的思想流派》,《历史教学问题》2009 年第 4 期。

进一步论述人与动物的区别与联系。马克思进一步阐明了人和自然界的关联,论述人与动物之间的依存与区别,因为人与动物的生存和发展都离不开自然界,自然界为生物提供了必不可少的资源,没有自然界,人与动物就不可能生存。所以从这方面讲,人与自然界密不可分,人与动物都受制于自然界,是受约制的、受限制的存在物。但人和动物有着根本的区别,人和动物与自然的关系也有着本质的区别,具体而言,有四个维度的不同:

首先,从社会性上看,人与动物的不同主要表现在以下三点:第一,人类通过劳动和实践改造世界;第二,人是具有自主意识的生物;第三,人可以通过自主意识和主动行为,自发地实现生存与发展。以上三点归根到底还是因为人是具备主观能动性的生物,能通过劳动改造世界,这点是人与动物的本质区别。类存在物是作为具有社会性质的人而存在的,人为社会进行创造是在具备社会性意识的前提下进行的创造。这个时候的社会和人是一体的,人是社会的人。马克思曾提到:"有意识的生命活动把人同动物的生命活动直接区别开来。"[1]恩格斯在其著作《劳动在从猿到人转变过程中的作用》中,强调了劳动在人类进化中的核心作用。他认为,正是通过劳动,人类学会了制造和使用工具,这不仅解放了双手,还促进了大脑的发育和智力的提升。[2] 恩格斯指出,劳动是区分人类与动物的关键因素,因为它体现了人类的能动性和创造性,是人类社会形成和发展的基础。

其次,人的主观能动性是可以被自然界引导和激发出来的。虽然人与动物、植物等都是自然界的一部分,人并没有能力完全随着自己的心意使自然变成人们想要的样子,从这一点上我们和动物、植物是一样的,同

---

[1] 《马克思恩格斯文集》(第1卷),中共中央编译局编译,第162页。
[2] 《马克思恩格斯文集》(第9卷),中共中央编译局编译,北京:人民出版社,2009年,第204页。

样受到自然的制约；但是动植物的"受动性"在自然面前无能为力，只能被动接受，而人还拥有动物所没有的能动性，人对自然界的受动性和能动性是辩证统一的，即人有意识，可以意识到受动，也不满足于受动，从而激起人们认识和改造外部世界的主导性和积极性。

再次，从主观能动性上看，主观能动性是人类区别于动物的本质特征。马克思在这点上也阐述了人与动物在能动性上的区别，认为动物所具备的并不能被称为能动性，而是一种和生存驱动密切相关的"本能"。动物一切行为的出发点都是基于求生的本能，是一种自然长期进化的结果，这点与人类带有主观意识、带有明确目标去改造自然的行为截然不同。马克思生动地以"蜜蜂"和"建筑师"来对动物和人类的能动性进行比喻，也许人类会自愧不如蜜蜂，感叹它们如何建成了高精度的蜂房，但是在高明的建筑师面前，最灵巧的蜜蜂也会相形见绌，因为在建筑施工之前，建筑的设计蓝图就已经形成了，建筑劳动本身就是实现蓝图的过程。这一比喻很形象地将人与动物区分开来，正因为人具备主观能动性，才能创造性地开展工作，而不是周而复始、一成不变，人的不断改造为世界留下了深刻的痕迹。

最后，从主观能动性的改造的范围来看，人类通过劳动改造世界，而动物却不能改造世界，只能满足自身。所以从改造范围上讲，人所能改造的是自身和周围的世界，而动物只能满足自身或群体的求生需要。同样，因为动物没有主观能动性，所以动物的需求是局部的、单一的，而人类为了多元发展，需求是更加全面的、丰富的。再者，人类可以在改造的过程中，不断地调整自身的行为，不断地适应自然，改变方法和行为，使社会劳动更加适应客观规律、自然规律或者生产生活需要，这也是人的主观能动性的最直接的体现。

批判异化劳动及人与自然关系的异化。异化逻辑是马克思在黑格尔学说的基础上的继承发展，马克思将人的类本质规定为一种"自由的自觉的活动",即物质生产劳动。① "劳动异化"的概念是在马克思的《1844年经济学哲学手稿》中首次提出的。在《德意志意识形态》中,马克思运用异化劳动的概念,进一步揭示了资本主义社会的统治与社会异化,并以此作为批判资本主义的独特视域。②

在劳动这一活动没有发生异化的情况下,人的劳动结果与自然界发生物质变换的渠道比较单一,这种改造与交换之间是大体平衡的,人作为自然界的组成部分,通过劳动将人与自然界联系在一起。人类通过劳动改造了世界,同时自然界也为人类提供了宝贵的改造对象,也就是丰富的物质财富,人类通过自然财富不断满足自身的生存发展需要。而在异化劳动状态下,异化劳动导致人与自然的关系异化。异化劳动的核心特征可以概括为四个主要方面,具体如下:个体与其劳动过程之间的疏离,人类的本质属性被异化(劳动者无法通过其工作实现自我价值和潜能),劳动者与劳动成果之间的分离,人与人之间的关系的扭曲变形。

劳动异化这一情形的出现,打破了人与自然关系的平衡,因为劳动生产出的商品或产品不再属于劳动者本身,反而全部归属于资本家,这就导致劳动者通过生产资料生产出的产品与自身的劳动相割裂。劳动力被资本家雇佣,他们生产的产品越多,归属给资本家就越多,直接表现为劳动产品与劳动者自身相分离,成为与自身相对立的异己的力量。劳动者付出劳动反而得不到商品,资本家不断榨取劳动者的剩余价值,久而久之,劳动者所付出的劳动越多,工人就变成越廉价的商品,导致他们与自然界关系的断裂。这种断裂是一种关系上的崩坏,由于物品不再归属于劳动者,劳动者失去了对物品的掌控能力,反而沦为了物的异化存在。劳动产品的异化还导致人与自然同一关系的割裂,一方面,劳动者因处于被剥削

---

① 《马克思恩格斯文集》(第1卷),中共中央编译局编译,第162页。
② 《马克思恩格斯文集》(第1卷),中共中央编译局编译,第161页。

状态，购买力和消费能力低下，这些原因都是资本主义经济危机的根源和实质，共同点就是生产的相对过剩。过剩就意味着浪费，不仅是劳动和劳动产品的浪费，还是自然资源的浪费。另一方面，资本主义生产的目的脱离了满足个人和社会实际需求的目标，而是遵循"利润最大化"原则，从而导致生产与需求相背离。在这个过程中，生产资料的占有者仅从经济利益和利润的角度考虑，在市场机制指引下对自然资源进行最低成本的掠夺和使用。

马克思的异化劳动理论是理解资本主义生产方式如何导致生态危机的关键。在资本主义社会中，劳动的异化不仅是人与劳动产品、人与劳动过程、人与人的异化，还是人与自然界的异化。这一异化过程的根源在于资本主义的生产逻辑和价值取向。一是资本主义的无限增长逻辑，资本主义经济体系追求的是无止境的利润积累和生产扩张。这种无限增长的逻辑忽视了自然界的有限性和脆弱性，导致对自然资源的过度开采和对环境的严重破坏。资本主义生产方式将自然视为无限的资源库和免费的废弃物处理场所，这种对自然的功利主义态度打破了自然界的生态平衡，从而引发了生态危机。二是自然被商品化，在资本主义社会，自然被商品化，转化为生产过程中的投入品或产出的商品。自然的内在价值被忽视，仅仅被视为经济价值的载体。马克思指出，这种对自然的物化和降维，导致了人与自然关系的扭曲，自然不再被看作人类生存和发展的基础，而是被无节制地利用和消耗的对象，这进一步加剧了生态危机。三是劳动过程的异化，资本主义生产方式下的劳动过程，尤其是工业生产，往往忽视了劳动者的健康和福祉，以及对自然环境的影响。劳动者的异化不仅体现在对劳动过程的疏离，还体现在对自然的破坏性利用。劳动者被迫参与破坏环境的生产活动，这种参与加剧了人与自然的异化，同时削弱了劳动者对自然的尊重和保护意识。四是消费主义文化，资本主义社会推崇消费主义文化，鼓励无节制的消费和浪费，这种文化模式进一步推动了对自然资源的过度开发。消费主义不仅消耗了大量资源,还产生了大量的废弃物,加重了环境污染,加速了生态退化。五是技术进步带来的负面后果,资本主义社会的技术进步往往伴随着对环境的负面影响。虽然技术进步提高了生产效率,但也加剧了资源的开采速度,导致污染和生态破坏。技术的应用缺乏对环境后果的充分考虑,这在一定程度上也是生态危机加剧的原因之一。

劳动活动的异化导致人与自然的关系异化为主客体关系。只有自觉能动地开展主观见之于客观的劳动活动,自觉自愿开展的劳动才是真正意义上的劳动。但在资本主义社会中,工人只是为了维持生存而被强迫劳动,劳动是属于被强制的活动。这使得工人只有运用自己的自然生理机能的自由(吃、喝、生殖等),而真正属于人的本质的创造性的实践劳动,反而不是他们本身能拥有或被允许的自由活动。

首先,劳动活动本来是为了创造价值,用来满足人类身体和精神的需要,用于维持生存并获得自身的发展。但是在劳动被异化后,劳动本身换取的只是资本家的工资,更多的剩余价值被资本家所榨取,转换为资本家的财富,劳动者的劳动只能用来满足生存需求,已经谈不上谋求个人发展了。

其次,工人被雇佣的劳动如同机械一般,千篇一律、日复一日,人就像机器,根本不需要也没有发挥主观能动性或做一些创造性工作的机会。劳动本来是用于改造世界的有力手段,是一种带有主观能动性的创造性活动,但是在资本主义生产关系里,人和机器没有本质区别,人没有办法发挥自身智力优势,只是出卖体力去完成一件一成不变的工作。劳动失去了最本质的创造属性,这时的劳动变成了一种逼不得已、违背人性的行为,这种行为往往带有自我毁灭的意味。

最后,这种异化还体现在人看待自然的视角发生了变化,人在不断追求剩余价值、疯狂追逐利润的同时,已经忘记了自己是自然界的一部分,而把自然界或自然资源当成了一种可以随意宰割的客体,和其他人类制造出来的物品并无二致。人甚至妄想征服自然、随心所欲地改造自然,将自然界当成自己赚钱的手段,当这种心态或情形发生时,就意味着人与自然的关系发生了异化。并且在很长的一段时间里,人们信奉人可以征服自然的理论,对自然无休止地索取与破坏,利用自然这个被异化的客体,不断地扩张生产资料,产生越来越多的商品。

人与自然、人与社会、人与人之间的关系发生了改变,同时也是人本质的一种改变,人在此过程中也发生了异化,从而引发了人与自然的矛盾,这就是人的类本质异化。人的类本质就是自由地自觉地进行物质生产劳动,这也是人区别于动物的特性所在,劳动是将人与自然统一起来的方式。但在资本主义社会中,生产者和生产资料长期处于割裂甚至对立的状态中,生产者无法利用生产对象创造性地开展活动,劳动不再是人的自由活动和自由发展的活动,而是单纯维持生存的手段。同时,人的劳动只是一种成本更低的"机器"劳动。在这个意义上,人背离了他们的类本质,也变为和动物没有本质区别的存在物。在这种异化状态下,人变成了只会向自然索取的人,忽视了自己也是自然界的一部分,正是人类的异化关系导致了越来越严重的生态危机。

在人本身发生异化后,人与人的关系也发生了异化,人与人之间开始不平等,变成了压迫与被压迫的关系。工人作为被剥削者,不占有生产资料,为满足生存需要,被迫通过异化劳动生产劳动产品,与资本家共享,自身只能获得基本生活资料。而资本一方面将被剥削者视为低成本的"机器",只给予劳动者最基本的生活保障,另一方面将自然界视为征服对象和掠夺对象。人类从自然界的一部分异化成为与自然界对立的力量,人与自然陷入尖锐对立之中,导致自然本身的演化和循环过程被破坏。

提出对未来社会的设想。马克思首先将劳动产品的异化看作当时的经济事实,由此进一步推论出工人劳动活动的异化。正是劳动活动的异化,才导致劳动产品的异化。同时,正是由于这两项前提,马克思才进一步地推论出人的类本质的异化。商品的大量生产与剩余、资本家对于劳动者价值的榨取、劳动者与资本家的雇佣关系等多种因素,导致了人与人之间关系的异化。马克思认为,异化劳动是因资本主义制度中生产方式的矛盾而产生的。其中,私有财产是异化劳动的结果,异化劳动是私有财产产生的原因,因此,在资本主义社会中,不可能实现人与自然的和解。在社会制度层面,如果要从根本上解决现在的生态环境问题,就要逐步实现共产主义制度,实现的过程就是摒弃异化劳动的过程,通过实现共产主义,实现人与自然的真正和解。在马克思看来,要解决人和自然界之间的矛盾,必须要实现人的自然主义与自然的人道主义两者之间的有效统一。

在人类生活实践中,自然界固有的规律与人类的主观要求之间不可避免地产生冲突,因此需要解决人与自然的矛盾,达到二者相统一、相和谐的境界。人类在此过程中不仅要尊重自然规律,还要消除劳动异化,减少人与自然的矛盾和环境负担,解决由此带来的生态问题。但资本主义制度本身决定了人与自然冲突的必然性,资本家在扩大生产的过程中需要生产出越来越多的商品来满足其对财富的追逐,所以需要在这一过程中向自然攫取更多的生产资料投入生产活动,自然的生态平衡被打破后,人类将受到"反噬"。因此,若制度问题得不到有效解决,就无从实现人与自然的和谐统一。实现人与自然界的和谐统一,意味着在满足人类合理需求的同时,保护和恢复自然生态系统的健康和多样性。这要求我们在社会制度层面做出重大变革,比如从线性的"提取—使用—废弃"模式转向循环经济模式,从高碳排放的能源体系转向可再生能源体系,从单一的经济增长目标转向综合的社会福祉和环境质量指标。

实践唯物主义是马克思哲学的核心概念之一,它强调物质实践(包括生产活动)在人类历史发展中的决定性作用。在马克思看来,社会制度,特别是生产方式(包括生产力和生产关系),是连接人与自然的关键中介。

资本主义生产方式之所以导致资源的过度开发、环境污染和生态破坏,是因为它追求无限制的利润和增长,而不顾及自然的界限。因此,要实现人与自然的和谐共生,必须变革这一生产方式和社会制度。

所以,马克思认为首先要摒弃资本主义制度,这是摒弃异化劳动的必由之路。摒弃异化劳动,需要从主客观两个角度出发,主体是人,私有财产是客体。从主体人的角度来看,首先,要摒弃自身可以被异化的思想,认识到异化劳动的问题所在。其次,放弃被异化后的劳动本身,真正地从人与人异化、人与劳动异化的关系中解放出来。从客体私有财产的角度来看,需要彻底摆脱与资本主义的矛盾关系,实现共产主义社会。马克思设想的共产主义社会是一种超越了资本主义剥削和异化的社会形态,在其中,生产资料归全体人民所有,劳动不再是强制性的,而是自由自觉的活动,人们可以全面发展自己的能力。在这样的社会里,人与自然的关系将建立在更加可持续和平衡的基础上,因为人们不再受制于利润驱动的逻辑,而是能够以满足人类真实需求和尊重自然规律的方式组织生产。

此外,运用马克思恩格斯唯物史观的观点,人民群众是历史的创造者和推动者,人民群众在历史演变的过程中,最终要实现个人的自由全面发展,而在异化劳动的过程中,人是不可能实现自由全面发展的。[1] 因此,建立共产主义社会,实现人的全面发展也是消除异化劳动的有效手段。人的发展过程离不开自然资源的支撑,所以人只有在尊重自然、人与自然和谐统一的状态下,才有可能实现行为与发展的自由自主。这就要求人抱有敬畏自然的心态,尊重自然规律,有节制地使用自然资源。在此基础上,人可以发挥主观能动性,通过劳动改造自然,换取自然资源,提高社会生产水平、促进科技进步,最终实现个人的自由全面发展。

---

[1] 薛金艳:《民主革命时期中国共产党农业政策中群众路线的体现》,《长春师范大学学报》2021年第7期。

第三节　马克思恩格斯生态思想的成熟阶段

在成熟阶段，马克思恩格斯生态思想关注资本主义生产方式对自然环境的破坏，强调了劳动与自然的辩证关系，以及科技进步在解决生态危机中的角色。他们提出，要解决由资本主义生产方式引起的生态断裂，必须建立一种循环经济模式，提高资源利用率，发展可替代能源，实现可持续发展。这些观点构成了马克思恩格斯生态思想成熟阶段的核心内容，为后世的生态理论和实践提供了理论指导。

其详尽分析了劳动与自然的辩证关系。马克思不仅批判了对现实永恒化理解的国民经济学观点和对现实思辨理解的黑格尔观点，而且比较系统地阐释了人学思想、异化劳动、共产主义等理论。马克思奋笔疾书，留下了多部经典著作，包括《1844年经济学哲学手稿》《神圣家族》《关于费尔巴哈的提纲》《德意志意识形态》《资本论》等。在《1844年经济学哲学手稿》中，马克思对劳动做了浓墨重彩的阐述，在这部著作中，马克思对劳动与自然的关系进行了初步探讨，提出了"劳动是人的本质"的观点。[1]他指出，人通过劳动与自然进行物质变换，劳动是人与自然联系的纽带，同时是人实现自我价值和发展的手段。然而，在资本主义条件下，劳动异化导致了人与自然关系的扭曲，劳动者不仅与劳动成果、劳动过程、劳动本身和他人异化，还与自然产生异化，即人与自然原本和谐的关系被资本逻辑所破坏，自然不再是人类的朋友，而是被无情榨取的对象。在《资本论》中，马克思深入分析了资本主义生产方式下劳动与自然的关系，揭示了资本主义对自然的剥削和破坏。他指出，资本主义生产方式追求利润最大化，将自然视为生产过程中的"原料仓库"和"废物倾倒场"，忽视了

---

[1] 张娥：《青年马克思"第三类文本"中政治哲学思想的独特性——基于类型学的比较性考察》，《郑州轻工业大学学报（社会科学版）》2023年第6期。

自然界的生态价值和再生能力。马克思认为,资本主义的生产方式不仅造成了人与人之间的异化,还导致了人与自然之间的异化,即自然的内在价值和生态功能被忽视,自然被简化为生产过程中的工具和成本。这种关系的扭曲最终会反噬人类自身,导致生态危机。

其系统地、明确地阐述了物质与意识的关系问题。在马克思思想的成熟阶段,他对物质与意识的关系进行了系统而深入的探讨,这不仅为马克思恩格斯哲学奠定了基石,还为马克思恩格斯生态思想提供了理论支撑。在《神圣家族》中,马克思和恩格斯共同批判了以自我意识为基础的唯心主义观点,尤其是青年黑格尔派的立场。[①] 他们指出,唯心主义者将精神视为历史发展的决定性力量,忽视了物质生产活动对社会发展的基础作用。马克思认为将"精神"与"物质"对立起来的观念是错误的,决定人类发展的是物质生产而不是精神世界。他认为,物质生产活动是社会发展的根基,是人们生活的首要条件,精神现象和上层建筑(如法律、政治、宗教、艺术等)都是在物质生产的基础上产生的,是社会存在的反映。

马克思详尽阐述了物质与意识的关系问题,在《关于费尔巴哈的提纲》中,他批评旧唯物主义只是从客体或直观的形式去理解事物,而未能理解人类活动的主体性。马克思将旧唯物主义与新唯物主义划清了界限,提出了实践的观点。[②] 马克思指出,人的意识不是被动地反映物质世界,而是通过实践与物质世界发生互动。在这种互动中,意识具有能动性,能够指导实践,而实践又能改变物质世界,反过来影响意识。这一观点突破了传统唯物主义和唯心主义的二元对立,提出了实践唯物主义,即新唯物主义。

《德意志意识形态》一书从根本上详细地论述了新唯物主义的基本观念,标志着马克思唯物史观的成熟。马克思和恩格斯认为,生产力的发展

---

① 《马克思恩格斯文集》(第1卷),中共中央编译局编译,第156页。
② 赵瑞:《论实践范畴在本体论和认识论中的意义和作用》,《文化学刊》2021年第7期。

是社会历史发展的决定性力量,生产关系必须适应生产力的发展水平,否则就会成为生产力发展的桎梏。同时,经济基础决定上层建筑,社会的法律、政治、道德、宗教、哲学等上层建筑都建立在一定的经济基础之上,并随着经济基础的变化而变化。社会存在决定社会意识,人们的意识、思想、观念都是由社会存在决定的,是社会存在的反映。

其清楚地揭示了资本主义生产方式与生态危机的关系问题。马克思在《资本论》中揭示了资本主义生产方式对自然的破坏,预见到资本主义生产方式会导致资源枯竭和环境恶化,因为资本主义追求利润最大化,忽视了生态平衡和自然资源的可持续利用。恩格斯在《自然辩证法》中探讨了科技进步对自然环境的影响,他既看到了科技发展给人类带来的便利,也警觉到它可能对自然造成的破坏。恩格斯认为,科技进步应当服务于人类的长远利益,而非仅仅追求短期的经济效益,这与马克思关于自然力的思想中强调的合理利用自然资源以促进人类可持续发展的观点相呼应。

在这一阶段,马克思侧重从经济领域与人类历史发展进程等方面去分析人与自然的关系。《资本论》就是这一阶段的代表作,它结合了马克思恩格斯经济学、历史学和社会学等多个学科的知识,构建了一个丰富的理论体系,运用多学科知识全面地分析了人与自然的关系问题。《资本论》可以被视为马克思生态思想集大成的标志,主要是因为它标志着马克思思想从早期对异化劳动的批判,深化至对资本主义生产关系及其内在逻辑的全面剖析。

这一转变不仅体现在理论深度上,还体现在方法论的进化上,即将哲学思考与实证研究相结合,形成了一种新的社会科学研究范式。从理论层面来讲,一是超越异化劳动的批判。在马克思早期的作品如《1844年经济学哲学手稿》中,他主要关注的是异化劳动现象,即工人与其劳动产品、劳动过程、自身以及他人之间的异化。然而,《资本论》的出现表明,马克思的思想已不再局限于这一层面。他开始探索造成异化的深层次原因,即资本主义生产关系本身。二是对资本主义生产关系的解析,在《资本论》中,马克思详细分析了资本主义社会的经济基础,特别是资本与劳动力之间的关系,以及这种关系如何塑造了整个社会的结构和动力。他阐述了剩余价值理论,解释了资本家如何通过剥削工人的劳动来积累财富,这不仅是对资本主义运行机制的揭露,也是对社会不平等根源的深刻洞察。三是揭示资本主义运行逻辑。通过《资本论》,马克思展示了资本主义经济的内在矛盾,如生产过剩危机、利润率下降趋势等,这些都源于资本主义生产方式的固有特性。他指出,资本主义的运行逻辑最终会导致周期性的经济危机,以及社会和生态的不稳定。

从实证层面来讲,与早期更多基于哲学思辨不同,《资本论》运用了大量历史数据和统计分析资料,体现出马克思对实证方法的运用。这种方法论的转变使得《资本论》不仅是一部哲学著作,还是一部社会科学的经典。《资本论》不仅揭示了资本主义社会的内在矛盾,还为未来社会的构想提供了理论依据,更为构建一个能够实现自然与人和谐共处的社会制度奠定了基础。这一社会制度超越了资本主义的剥削和异化,指向了共产主义的理想,其中生产和分配遵循不同的原则,以满足人的真正需要和促进自然的可持续发展。综上所述,《资本论》之所以被认为是马克思恩格斯哲学成熟阶段的标志,是因为它不仅深化了对资本主义社会的批判,还提出了一个系统性的理论框架,结合了哲学、经济学和实证研究,为理解社会变迁和探索替代性社会模式提供了强有力的工具。

马克思恩格斯生态思想是马克思和恩格斯运用其哲学、政治经济学理论等,站在生态发展的视角去研究生态问题的理论成果,研究的对象与内容总体来说涉及人与自然的关系问题,具体来说包括:人在生态环境下实现自身发展问题、人与自然界物质变换问题、社会制度变更问题、人类社会与自然界和谐统一问题,对以上问题的研究构成了马克思恩格斯生态思想的基本理论框架。

第三章 马克思生态思想的主要内容

- 第一节　人的发展的实践主体论
- 第二节　人类劳动的物质变换论
- 第三节　生态危机的制度批判论
- 第四节　环境友好的社会进步论

第三章 | 马克思生态思想的主要内容

马克思恩格斯生态思想建立在辩证唯物主义和历史唯物主义的基础之上。辩证唯物主义强调自然界的客观性和规律性,认为人类应当尊重自然、顺应自然、保护自然。历史唯物主义则从社会历史发展的角度揭示了人与自然关系的演变,指出人类社会的发展必须与自然环境的承载能力相协调。人与自然的有机统一和物质变换就是社会实践。虽然马克思和恩格斯并没有使用过"生态文明"这一术语,但他们在其实践观的基础上提出了自己的生态思想。在他们看来,人类的生存和发展依赖于自然界,人类通过劳动实践改造自然,实现人与自然的物质变换。然而,这种改造必须遵循自然规律,否则就会遭到自然的反噬。因此,人类应当树立正确的生态观念,实现人与自然的和谐共生。

马克思和恩格斯深刻地认识到,人类社会与自然界之间存在着一种不可分割的有机联系,这种联系不仅是物质上的交换过程,还是精神文化和社会发展的基础。他们提出的人的发展的实践主体论,强调了人类作为自然界的一部分,在利用自然资源的同时,必须尊重自然规律,实现人与自然的和谐共生。在此基础上,人类劳动的物质变换论进一步阐述了经济活动应遵循自然界的物质循环原则,促进资源的可持续利用,减少对环境的负面影响。马克思和恩格斯还提出生态危机的制度批判论,通过对资本主义制度的批判,揭示了资本主义生产方式是导致生态危机的根本原因,认为只有通过社会制度的变革,建立一个以人的全面发展为目标的社会形态,才能从根本上解决生态问题,实现人与自然的和谐相处。最后,他们倡导的环境友好的社会进步论,不仅关注环境保护,还强调通过社会进步来促进生态平衡,实现经济社会发展与生态保护的双赢。这些理论为我们理解和应对当今世界面临的复杂生态挑战提供了宝贵的启示。

第一节 人的发展的实践主体论

人的发展的实践主体论不仅是马克思恩格斯生态思想的核心,还为当代生态文明建设提供了重要的理论依据。马克思认为,自然界与人类之间存在着密不可分的有机联系,人类必须与自然界保持持续的交互作用,才能实现生存和发展。此外,马克思还强调了自然环境对人类发展的影响,认为自然力是生产力发展的自然基础,因此,保护自然环境、合理利用自然资源,对促进社会的可持续发展具有重要意义。人的发展的实践主体论不仅为我们提供了一个全面理解人与自然关系的框架,还揭示了实现人与自然和谐共生的路径。通过深入理解和应用这一理论,我们可以在尊重自然规律的基础上,更好地保护自然环境,促进人类社会的全面、协调、可持续发展。

首先,人类是自然界的一部分。自然界对于人类的重要意义与作用是不言而喻的,是人类生存发展的物质保障。研究人与自然关系问题是十分必要的,实现人与自然的和谐统一才更有利于人类的发展和自然的繁衍生息。

马克思说:"自然界,就它不是人的身体而言,是人的无机的身体。人靠自然界生活。这就是说,自然界是人为了不致死亡而必须与之处于持续不断的交互作用过程的、人的身体。"①从马克思这段话中不难看出自然界对于人类发展的重要性,没有自然界与自然资源,人类将会彻底丧失生产资料,也没法产生物质变换。马克思强调了自然界在人类生存发展中的基础作用,他指出:"没有自然界,没有感性的外部世界,工人什么也不能创造。"②他还认识到,自然界不仅给人类提供生活和生产的物质资

---

① 《马克思恩格斯文集》(第1卷),中共中央编译局编译,第161页。
② 《马克思恩格斯文集》(第1卷),中共中央编译局编译,第158页。

料,还给人类提供了丰富的精神食粮。"从理论领域来说,植物、动物、石头、空气、光等等,一方面作为自然科学的对象,一方面作为艺术对象,都是人的意识的一部分,是人的精神的无机世界,是人必须事先进行加工以便享用和消化的精神食粮。"① 人的存在也是自然系统的一个有机部分和发展环节。马克思指出:"人靠自然界生活……所谓人的肉体生活和精神生活同自然界相联系,因为人是自然界的一部分。"②

其次,自然界对作为自然存在的生物有着一定程度上的制约作用。马克思曾说:"人作为自然存在物,而且作为有生命的自然存在物,一方面具有自然力、生命力,是能动的自然存在物……另一方面,人作为自然的、肉体的、感性的、对象性的存在物,同动植物一样,是受动的、受制约的和受限制的存在物。"③ 从这段话中可以看出,马克思认为人生活在自然界中,就必然会受到自然界的诸多限制,人也需要遵守自然界的规则才可以与之和谐共处,所以自然界是人类生存发展的前提与基础。无论人类的主观能动性有多强,发展的速度有多快,对于自然规律的了解有多么深刻,都没法摆脱自然的"束缚",也无法逃避自然对人类的制约。自然界作为最强大的客体存在,已经几乎和人类社会融为一体了,人类必须依赖自然界的物质变换才能维持正常的生产生活,已经成为一个不争的事实。

再次,自然环境深刻地影响了人类的发展与变迁。马克思曾提出"自然力"的概念。首先,自然力是自然界现已存在的一种力量或能力,是人类获取自然资源的物质前提,自然力覆盖的范围较广,包括人类本身、自然界本身、自然与社会、自然与生产力、自然与科学等。马克思认为自然力直接影响着生产力的发展,如果人类可以高效利用自然力,甚至将自然

---

① 《马克思恩格斯文集》(第1卷),中共中央编译局编译,第161页。
② 《马克思恩格斯文集》(第1卷),中共中央编译局编译,第158页。
③ 《马克思恩格斯文集》(第1卷),中共中央编译局编译,第162页。

力转换成更优质的资源,生产力水平也将提高。所以人类势必需要走向科技进步的道路,不断地推动绿色经济和循环经济的发展。马克思指出:"自然力不是超额利润的源泉,而只是超额利润的一种自然基础,因为它是特别高的劳动生产力的自然基础。"①举例来说,在农业社会时期,自然环境或自然力会直接影响生产力的水平,并且生产力水平极其依赖于自然条件,不同的自然环境会产生不同面貌的社会发展形态。如果一个地区自然禀赋较好,拥有丰富的自然资源,自然资源可再生能力较强,那么就意味着这个地区的自然环境可以为人类提供更多的资源、带来更大的生产力,对于促进人类社会发展具有更强大的推动力。反之,如果一个地区自然资源并不丰富,人们环保意识淡漠,并没有采取行动保护自然资源,使自然资源的可再生能力变差,那就意味着这个地区的生产力水平处于较为低下的状态,并且会深刻影响劳动就业,大大阻碍经济社会发展。

第二节 人类劳动的物质变换论

人类劳动的物质变换论被后世称为可持续发展的理论先声,这一理论在《资本论》中就有所提及,马克思通过物质变换阐明了人与自然之间的本质联系。人类劳动的物质变换论为如何走出一条可持续发展之路,如何平衡人类发展与自然资源利用之间的关系,如何通过新型经济形式、技术形式实现能源资源利用,指明了发展方向和提供了理论依据。

人类在与自然进行物质变换的过程中,必须遵守自然法则。在改造自然的过程中,人类必须要遵守自然规律,这就要求我们首先要认识自然

---

① 《马克思恩格斯文集》(第7卷),中共中央编译局编译,第728页。

规律、熟悉自然规律,并在劳动与实践过程中较好地应用自然规律,这样才能更好地改造自然,有利于人与自然的和谐相处。因为只有在更好地掌握自然规律的情况下,才能更好地进行改造自然的实践,从而形成人对于自然的价值、人与自然关系的认同。马克思的生态理论主要是为了告诫人们,人类文明的发展要遵循自然规律。

人类在与自然进行物质变换的过程中,必须依靠劳动。劳动是连接人与自然的纽带,也是人赖以生存的最基本保障。"动物只生产自身,而人再生产整个自然界。"[1]"人类对于自然的实践尽管会给生态文明带来消极影响,但是马克思更多还是重视实践在生态文明中的积极作用。马克思断言……在生态进化的过程中,不管是生态文明的形成,还是生态危机的出现,实践始终扮演着重要角色。"[2]人类不断通过劳动与实践改造自然,虽然随着生产规模的扩大,产生了生态危机,但面对生态问题,也同样需要劳动和实践去解决。

人与自然的物质变换是人类生存发展的前提条件,人类的整个发展历史都离不开物质变换。马克思指出,人类依靠劳动与实践去改造自然,通过劳动实现物质变换,也是因为人类的劳动,改变了自然资源的存在形态,从而实现了人类的生存与发展。之所以提到劳动,是因为劳动促使人与自然物质变换的产生,哪怕劳动停歇一刻,所有的生产都将中止,若劳动全都停止,人类也将无法维系生存。物质变换对人类发展而言是至关重要的,是生产生活的物质保障和必然条件。因此,"人为了满足自身的需要,就必然以自身的活动直接或间接地作用于外部自然界,从而实现人自身与外部自然之间的物质、能量和信息变换,使人的生命得以维持和延

---

[1] 《马克思恩格斯文集》(第1卷),中共中央编译局编译,第163页。
[2] 缪昌武:《论马克思恩格斯的生态文明思想及其当代意蕴》,《毛泽东邓小平理论研究》2008年第5期。

续。"①在人类文明的发展史中,物质变换贯穿始终,成为人与自然的纽带,随着时间的推移,不断促进着人类的发展。

人类与自然进行物质变换的可持续性若被打破,将会引发生态问题。"在马克思的分析当中,经济循环是与物质变换(生态循环)紧密地联系在一起的,而物质变换又与人类和自然之间新陈代谢的相互作用相联系。"②马克思主义生态学运用"新陈代谢"这一生物学概念来阐述或者比喻人与自然物质变换的过程和结果,形容人与自然交互的模式与形态,新陈代谢的破坏意味着人与自然平衡关系被打破,势必会引发一系列生态问题。马克思主义生态学揭示了正是资本主义生产方式与社会制度的存在,才引发了生态危机,在此种社会制度下,生态危机是不可避免的。马克思引用了生物学中"新陈代谢"的概念与理论来说明人类对于自然界的索取要在自然界可代谢更新的范围之内。毫无节制的掠夺就等于破坏,破坏了自然界的新陈代谢,必然会遭到自然界的报复。他以土地的新陈代谢为例,说明资本主义的生产方式是违反生态规律的,为资本主义工业生产提供生存保障的农业生产也在此种制度下被"异化"了,不再是绿色农业的生产路线,在破坏自然、破坏生态的状态下进行农业生产,本身也是破坏农业的发展。除此之外,他还在《资本论》第三卷中分析"资本主义地租的产生",进一步阐述了资本主义生产所导致的物质变换裂缝及其对国内和国际生态的不良影响,他说:"这些条件在社会的以及由生活的自然规律所决定的物质变换的联系中造成一个无法弥补的裂缝,于是就造成了地力的浪费,并且这种浪费通过商业而远及国外。"③

鉴于以上事实及产生的严重后果,人类必须担负起保护自然的使命,

---

① 袁霞:《析马克思恩格斯的生态文明思想及现代启示》,《求实》2009年第7期。
② [美]约翰·贝拉米·福斯特:《马克思的生态学:唯物主义与自然》,刘仁胜、肖峰译,第175页。
③ 《马克思恩格斯文集》(第7卷),中共中央编译局编译,第919页。

促进可持续的人与自然的物质变换。其实,任何事物都有其自我代谢、自我调节、自我还原的生态机制,当有机体遭到外来破坏或者自我防御丧失的时候,都可通过自我修复机制来还原或者维持原来较好的状态,以求自身发展平衡。① 但这不代表任何破坏、任何行为都可通过机体的调节功能来恢复固有状态,尤其是自然界。资本主义大规模工业化生产自诞生以来就更多地依赖于自然资源,于是人类大肆向自然索取与掠夺,破坏了自然界原有的自我修复与调节的机制,自然界自我修复的速度慢于人类破坏的速度,于是产生了严重环境污染与生态危机,长此以往,形成恶性循环,自然界自我修复能力越来越弱,环境问题也就越来越严重。②

人类面对生态危机,一直也在思考解决方式。人们并不能短时期内从根本上解决资本主义制度的问题,只能通过提高生产效率、提高资源的利用效率和转换成效来缓解生态危机和环境污染。自然的代谢能力是有限的,我们无从干预,只有增强有限资源的利用效能或者制造可再生能源,才能有效解决现如今面临的问题。③ 事实上,科技进步可以促进社会的发展和自然的更迭,科技的力量在人类的发展历史中举足轻重,起着不可替代的作用,正是科技革命引发了生产革命,大大提高了生产效率。在资本主义制度与生产关系中,谁掌握了最前沿的科技,谁就拥有最强大的话语权,科技在人类社会中的角色在慢慢发生变化。所以,现如今,如果要最大限度上解决面临的生态问题,就需要大力发展科技,发展绿色能源与绿色产业,通过人类的实践与劳动促进自然界新陈代谢的恢复,平衡人与自然的物质变换关系。

---

① 若贺曼:《马克思主义思想中的生态观》,《黑河学院学报》2024 年第 6 期。
② 仰海峰:《马克思的"自然"概念及其生态学意蕴》,《学术研究》2024 年第 1 期。
③ 田贵平、竟辉:《论中国特色社会主义生态文明建设的价值目标:以马克思主义生态思想为视角》,《河南工业大学学报(社会科学版)》2014 年第 1 期。

第三节　生态危机的制度批判论

美国著名生态学者巴里·康芒纳在分析环境危机的根源时指出:"危机既不是一个自然的骤然而来的结果,也不是人类的生物学活动的力量用错了方向。地球之所以被污染……错误在于人类社会——在于社会用来赢得、分配和使用那种由人类劳动从这个星球上的各种资源中所摄取来的财富的方式。"①康芒纳的论述清晰地揭示了生态危机是人类在社会经济活动中对自然资源利用不当的结果,精准地指出了人类无节制掠夺自然这一关键因素,而这一因素在资本主义制度的运行逻辑下被不断放大。这种无节制掠夺反映出在资本主义社会经济模式下,人们只注重从自然获取资源以满足当下需求,而忽视了自然的承载能力和生态系统的平衡需求,进而说明了资本主义制度是造成生态危机的重要根源。

社会制度本身才是决定人与自然关系的根本原因。人与自然和谐发展有赖于社会制度的变革。马克思曾提到,解决人与自然的关系,首先需要变革资本主义生产关系,生产关系包含着人与人之间的关系,所以说人与人之间的关系会直接影响到人与自然的关系,人与人关系的和谐或冲突会很大程度地影响人与自然关系的和谐程度。马克思指出:"要实行这种调节,单是依靠认识是不够的。这还需要对我们现有的生产方式,以及和这种生产方式连在一起的我们今天的整个社会制度实行完全的变革。"②"只有按照一个统一的大的计划、协调地配置自己的生产力的社会才能使工业在全国分布得最适合于它自身的发展和其他生产要素的保持或发展。"③为了实现对自然和生产力的合理管理,必须对现有的生产方

---

① [美] 巴里·康芒纳:《封闭的循环——自然、人和技术》,侯文蕙译,长春:吉林人民出版社,1997年,第141页。
② 《马克思恩格斯文集》(第9卷),中共中央编译局编译,第210页。
③ 《马克思恩格斯文集》(第9卷),中共中央编译局编译,第215页。

式以及与之相关的社会制度进行彻底的变革。这包括对资本主义生产方式的批判,因为在资本主义体系下,生产的目的往往是追求利润最大化,而非满足人的实际需要和维护生态平衡。正是这种生产方式导致资源的过度开采、环境的破坏和劳动者的剥削。①

资本主义制度是引发生态危机的根本社会原因。首先,自然异化是资本主义生态问题的实质。自然的异化是劳动异化的必然结果。马克思曾提出自然异化的概念与思想,他指出:"当我们承认自然是有理性的时候,我们对它的依附关系就不复存在。自然对我们的意识来说,不再是恐惧的来源,使直接的意识形态、自为存在成为一种自然的形态。只有当自然被认为完全摆脱了自觉的理性,本身被看作是理性的时候,它才完全成为理性的财产。对自然的任何关系本身同时也就是自然的异化。"②所以说,根据马克思自然异化的思想,自然的异化也是劳动异化的一种衍生产物和必然现象,是基于资本主义生产关系产生的。马克思在研究资本主义生产制度与劳动异化的基础上,开始关注到自然异化现象并对其展开研究。

其次,劳动异化是资本主义制度下的特有现象。马克思曾指出:"资本主义生产方式按照它的矛盾的、对立的性质,还把浪费工人的生命和健康,压低工人的生存条件本身,看作不变资本使用上的节约,从而看作提高利润率的手段。"③在资本主义生产方式下,资本家不断扩大生产规模,势必大肆掠夺生产资料,更多地攫取劳动者的剩余价值,从而形成劳动异化,使劳动者与资本主义发生对立,生产本身与自然资源造成对立。劳动

---

① 辛克伦、李明桂:《马克思恩格斯城乡融合思想及其当代启示》,《平顶山学院学报》2024 年第 3 期。
② 《马克思恩格斯文集》(第 1 卷),中共中央编译局编译,第 166 页。
③ 《马克思恩格斯文集》(第 5 卷),中共中央编译局编译,北京:人民出版社,2009 年,第 419 页。

异化的原因是资本主义制度,而自然异化是劳动异化的产物,同时是资本主义制度的产物。自然异化最直接的反映就是环境污染、生态失衡,人与自然的关系随之异化,人与自然物质变换的平衡被打破,直接危害人类的发展。马克思曾在《1844年经济学哲学手稿》中指出,自然异化是"文明的阴沟""自然的荒芜"和"日益腐败的自然界",从而深刻地阐明了自然异化的根本原因,"一旦这条河归工业支配,一旦它被染料和其他废料污染,成为轮船行驶的航道,一旦河水被引入水渠,而水渠的水只要简单地排放出去就会使鱼失去生存环境,那么这条河的水就不再是鱼的'本质'了,对鱼来说它将不再是适合生存的环境了。"[1]马克思通过上面的比喻鲜明地阐释了自然异化的本质,人就好比是鱼,自然界就好比是水,鱼无法离开水,但在被污染的水中鱼就不能存活,正像现在人类的处境一样。马克思试图警醒人类,环境污染对我们的危害有多深远。当资本主义工业化生产愈演愈烈,产生环境污染的同时,最直接的受害者就是工人本身,"他的任何一种感觉不仅不再以人的方式存在,而且不再以非人的方式因而甚至不再以动物的方式存在"[2]。

资本主义运行逻辑是引发生态危机的直接社会原因。资本主义社会中,资本的内在运行逻辑和方式导致人与自然异化,引发了生态危机。马克思在《资本论》中,分别从制度、自然、人等多个角度分析了人与自然异化的原因,揭露了资本主义制度本身的矛盾问题,以及它如何导致生态危机的内在机制;马克思还指出了资本主义制度本身才是导致人与自然关系异化、人与自然关系对立的根本原因。"资产阶级为了消除经济危机带来的负面影响,从而获取更大的利润,一方面通过发展科学技术以提高劳动生产率;另一方面,科学技术的推广也加大了人类对大自然征服和掠夺

---

[1] 解保军:《马克思恩格斯对资本主义的生态批判及其意义》,《马克思主义研究》2006年第8期。
[2]《马克思恩格斯文集》(第1卷),中共中央编译局编译,第165页。

的规模与强度,从经济危机转向生态危机就是资本主义社会的必然结果。"①在资本主义制度下,资本主义生产方式与生产关系引发了生态问题。马克思指出:"支配着生产和交换的一个一个的资本家所能关心的,只是他们的行为的最直接的有益效果。不仅如此,甚至就连这个有益效果本身所制造的或交换来的商品的效用而言也完全退居次要地位了;出售时要获得利润,成了唯一的动力。"②"在资产阶级看来,世界上没有一样东西不是为了金钱而存在的,连他们本身也不例外,因为他们活着就是为了赚钱,除了快快发财,他们不知道还有别的幸福,除了金钱的损失,不知道有别的痛苦。"③因此,马克思得出初步结论,资本主义生产关系与生产方式引发了生态问题。资本主义生产逻辑引发了人与自然的异化,这种异化造成了人与自然关系的对立,直接表现为人对自然无节制的掠夺,更加体现了资本对自然的掠夺。资本越扩大生产就越会加剧对自然的掠夺,生态危机就越会陷入恶性循环。

前文提到,打破人与自然的矛盾和对立需要提高科学技术水平,提高自然资源的开发利用能力,发展可再生能源,但由于资本主义生产逻辑的局限性,在全社会促进科学技术的进步,就有可能造成生态污染。无论是通过科技提高农业生产效率,还是利用技术提高工业生产效率,都有可能造成环境污染,进一步加剧人与自然的对立局面。资本主义的生产方式压榨劳动者的劳动力,最大限度榨取剩余价值,为了追求利润,并不在意劳动者的生产环境和生存环境,严重摧残了他们的身心健康。为了提高生产率,资本家持续探索自然界以发掘物质的新用途,这一过程促使自然科学发展到前所未有的高度。资本主义社会促进了社会成员对自然环境

---

① 王颖:《马克思主义生态思想对转变经济发展方式的启示》,《科学社会主义》2010年第6期。
② 《马克思恩格斯文集》(第5卷),中共中央编译局编译,第182页。
③ 《马克思恩格斯文集》(第2卷),中共中央编译局编译,第42页。

的广泛利用,然而,在这一进程中,对自然资源的需求不断增加,进而加剧了人与自然之间的紧张关系。结果是,原本希望解决的问题——生态危机——不仅没有得到改善,反而变得更加严峻。

第四节　环境友好的社会进步论

马克思恩格斯生态思想不仅批判了资本主义制度是引发生态问题的根源,更提供了一条通向人与自然和谐相处目标的路径。马克思和恩格斯认为,社会制度本身是决定人与自然关系的根本原因。资本主义社会制度不仅导致了劳动异化,还引发了资源的过度开发和环境的严重破坏。然而,他们并未止步于批判,而是提出了实现人与自然和谐共生的愿景。这一愿景基于历史唯物主义的视角,认为社会的进步是一个逐步实现人与自然和谐相处的过程。逐步实现人与自然和谐相处的状态需要多方面的努力,不仅包括社会制度的变革,还需要科技进步和环境保护意识的提升等。最后,生态文明的目标是实现人与自然的和谐共生,创造可持续发展的未来。

逐步实现人与自然和谐的历史观。马克思生态哲学思想是马克思主义哲学的重要组成部分,也体现着历史唯物主义的思想。马克思生态思想直观表现为人与自然有机统一前提下的人与自然的关系理论。无论在现实生活还是历史视野中,用历史唯物主义的观点来研究人、自然和社会的主要关系,成果有以下四点:第一,自然是人类社会发展的基础;第二,人类的出现与发展,深刻影响着自然界历史的走向;第三,人与自然每天都在不断地进行物质变换,人与自然相互作用的结果形成了当今社会;第四,人类应该用发展的眼光、实践的眼光去认识世界、看待自然。马克思从生态发展的角度以及人与自然共存共生的角度,将人类社会的发展分为三大历史阶段,以资本主义为参考划分时期,分别是:第一阶段,人类生产能力有限,人的生存高度依赖于自然环境,即资本主义之前的历史时期;第二阶段,对自然的依赖性降低,人开始通过主观能动性去改造自然,即资本主义历史阶段;第三阶段,"建立在个人全面发展和他们共同的社会生产能力成为他们的社会财富这一基础上的自由个性"①,也就是物质极大丰富的共产主义历史阶段。到了共产主义阶段,就不再存在生产资料的个人占有制,物质资料极大丰富后,生产社会化与资本主义生产资料私有制之间的矛盾也将不复存在。资本主义制度是人与自然矛盾的根源,此种社会制度消失后,人与自然的矛盾也将随之消除,届时方可真正地实现人与自然和谐相处,人类也可得到自由全面的发展。②

上述人类历史的发展的三个阶段,是站在整个人类社会发展的角度去划分的,但具体到每个国家、地方,状况应该因地而异、因时而异。根据马克思的生态文明思想,为了彻底改善当前人与自然的关系,走绿色发展之路,消除生态问题的恶性循环和生态危机,需要进行"世界革命化",这也是实现"两大和解"的必由之路。

首先,变革社会制度。资本主义制度是造成人与自然矛盾的核心要素,直接影响人类与人类社会发展,造成人与自然关系的异化,资本主义时期的生态危机归结到底是制度危机。马克思生态观认为,只有消除资本主义制度,才能从根本上避免生态问题。其次,努力实现社会主义、共产主义。建立共产主义社会,才能彻底解决人与自然的关系问题,到那时,人类物质生活实现极大自由,人与自然的对立状态得以消除,人与自然、人与社会和谐共处。所以,实现共产主义,就是实现人与自然共同全面发展的最高目标和理想状态。马克思曾说:"这种共产主义,作为完成

---

① 《马克思恩格斯文集》(第7卷),中共中央编译局编译,第828页。
② 王伟、潘军辉:《自然概念与马克思哲学变革的关系论析》,《社会科学论坛》2024年第3期。

了的自然主义,等于人道主义,而作为完成了的人道主义,等于自然主义,它是人和自然界之间、人和人之间的矛盾的真正解决,是存在和本质、对象化和自我确证、自由和必然、个体和类之间的斗争的真正解决。它是历史之谜的解答,而且知道自己就是这种解答。"①实现共产主义是人与自然和谐相处、共同发展的必由之路的制度保障。

逐步实现人与自然和谐相处的状态。马克思从对人与自然关系的反思与考察中得出结论,需要进行"世界变革"才可以达成永久性的人与自然和谐关系。马克思曾经说过:"在人类历史中即在人类社会的形成过程中生成的自然界,是人的现实的自然界。"②也就是说,"社会的生成就是人类的历史,也就是自然界的生成,是自然界意义的真正的复活……社会也不纯粹是一个空间概念,不是一个空洞的场所,它是与人的活动以及把自然界纳入人类生活之改造实践密不可分的关系域"③。所以,在人类文明发展的进程中,人与社会不断进步的同时,也与自然界产生了密切的联系。马克思从人类学、社会学、经济学等不同视角看待生态问题,最终形成了马克思生态学思想,其主要理论内涵为:人类社会与自然界应该保持和谐统一的关系。马克思曾经在《哲学的贫困》中提出了"社会有机体"思想,社会有机体是指人类社会、人与社会关系当中的一切要素、一切联系,是相互联系、相互制约的有机整体,这个整体处于不断发展演变的过程中。如果用生态观的视角去看待社会有机体,那么可以发现,社会有机体包括了人在社会发展过程中与自然界的关联,自然大大影响着人类社会的发展,真正达到生态文明一定需要实现人与自然和谐共处。马克思曾指出:"人同自然界完成了的本质的统一,是自然界的真正复活,是人的

---

① 《马克思恩格斯文集》(第 1 卷),中共中央编译局编译,第 167 页。
② 《马克思恩格斯文集》(第 1 卷),中共中央编译局编译,第 159 页。
③ 许斗斗:《论马克思的社会建设思想及其当代意义:一种生态文明建设的分析视角》,《哲学研究》2011 年第 8 期。

实现了的自然主义和自然界的实现了的人道主义。"①社会有机体理论是马克思站在人与自然发展的视角提出的,其中包含着很多关于人与自然关系的论述,不仅是社会学理论,还有着众多生态学特点。② 在马克思看来,在社会有机体中,人类通过劳动促进社会发展,需要应用生产资料进行生产行为,在其中必然要与自然发生物质变换,自然界也成为社会有机体的一部分,是不可分割的。此外,社会有机体的构成还包括社会制度、经济体制与上层建筑的构成与发展。所以,不难看出,社会有机体作为一个整体,包括人类发展的各个方面,这几个层面都会受到自然界以及人与自然关系的影响。在社会有机体思想的引导下,解决生态危机,需要全社会各个环境、各个要素共同发力,这对我们实现人与自然和谐共处有着非常深远的启发。具体来说,从社会有机体的理论出发,实现生态文明,需要做到以下几个方面:

第一,不断消除城乡之间的矛盾。随着资本主义大工业生产的到来,生产规模不断加大,污染也越发严重,工厂迁入乡村,造成污染的转移与转嫁。这种状况当然并不可持续,马克思提出了"生产要素保持发展"的原则,这一原则蕴含了人与自然和谐相处的思想。这一理论认为,生产资料的调配需要站在全社会的角度、站在人类发展的宏观角度去考量,使最适合的资源到最合适的地方去发挥作用,实现生产要素的保持或发展。"只有通过城市和乡村的融合,现在的空气、水和土地的污染才能排除,只有通过这种融合,才能使目前城市中病弱群众的粪便不致引起疾病,而被用做植物的肥料。"③马克思以此说明,现代社会发展需要消除城乡之间在生态问题上的矛盾,努力实现人与自然的和谐统一。

---

① 《马克思恩格斯文集》(第 1 卷),中共中央编译局编译,第 167 页。
② 姚晓红:《生态视域下马克思资本批判理论的三重特性及其当代价值》,《天府新论》2020 年第 2 期。
③ 《马克思恩格斯文集》(第 9 卷),中共中央编译局编译,第 313 页。

第二，调整人口生产与物质生产之间的关系。马克思曾说："一切历史的第一个前提，这个前提是：人们为了能够'创造历史'，必须能够生活。但是为了生活，首先就需要吃喝住穿以及其他一些东西。因此第一个历史活动就是生产满足这些需要的资料，即生产物质生活本身。"①可见物质生产是社会发展的前提。马克思认为，人口生产与物质生产在很大层面上影响着人与自然关系的走向，每一种社会制度、生产方式、生产关系都有其特殊的人口发展趋势。就资本主义社会而言，人口快速增长与过剩的问题已十分明显，进入物质极大丰富的共产主义社会，人口数量问题也需要密切关注。但马克思认为，科技水平大幅度增长以后，世界粮食产量也将随之大幅增长，或许可以解决人口生产与物质生产之间的问题。

第三，建设人与自然可持续性发展的绿色社会。在现代工业高度发展的社会中，自然资源被看成一种"免费的生产资料"，为了实现大规模的生产，相当一部分人对自然资源索取无度与使用浪费。这样做加重了生态危机和环境问题，最终会反噬人类社会，影响其发展，所以建设资源节约型的可持续发展社会是十分必要的。"因为土地所有权本来就包含土地所有者剥削地球的躯体、内脏、空气，从而剥削生命的维持和发展的权利。"②这不仅需要在工业生产的过程中注重对资源的节约利用，还需要全社会改变消费形式，节约消费、适度消费。

第四，将资源在不同社会群体之间进行合理调配。"生态文明是对工业文明框架下的人与自然、人与社会、人与人关系的调整。但其中人际关系的调整是生态文明各种关系调整的前提和基础，因为当前许多由环境

---

① 《马克思恩格斯文集》（第1卷），中共中央编译局编译，第19页。
② 《马克思恩格斯文集》（第9卷），中共中央编译局编译，第210页。

污染和资源浪费等所引发的生态危机,其根源往往是人与人关系的失调。"①资本主义社会中资本家为扩大生产而大肆掠夺自然的行为不仅会破坏自然环境,还会加大穷人的生存危机。马克思曾说:"资本主义生产的进步不仅创立了一个享乐世界;随着投机和信用事业的发展,它还开辟了千百个突然致富的源泉。"②恶性循环就这样产生了,资本家不断地榨取剩余价值、攫取资源而获得财富,劳动者和工人越来越多地付出劳动力,但生存环境越来越差,生活水平都维持在贫困线下;富人在获得巨大财富后大肆消费,又加剧了自然资源的浪费,人与自然的矛盾陷入恶性循环。

生态文明的目标是要实现人与自然和谐共生。人类在了解自然规律的情况下,可以根据自然规律和自然的反馈来不断修正自身的行为,将人与自然视为具有紧密关系的共生体。人对于自然界其他生物的优势在于,人能够通过主观能动性了解自然并改造自然,具有正确认识规律、调节自身行为、通过实践调整认识、再通过认识指导实践的能力。从唯物辩证法的高度来看,人与自然和谐共生其实就是对立统一的关系,这也是可持续生态发展之路的必经过程。

马克思主义生态思想的核心在于揭示人与自然之间的辩证关系,强调人类社会的发展必须遵循自然界的客观规律,实现人与自然的和谐共生。在马克思看来,我们在地球上生活,不断地通过劳动与自然界进行物质变换,实现自身的生存和发展。同时,人类社会的发展也受到自然界的制约和影响,人类必须遵循自然界的客观规律,否则就会遭受自然界的惩罚。马克思主义生态思想深刻揭示了生态问题的本质和根源,为我们认识和处理生态问题提供了科学的理论指导。

---

① 关盛梅:《以人际和谐为基础推进生态文明的社会建设——基于社会学视角的分析》,《学术交流》2011年第2期。
② 《马克思恩格斯文集》(第6卷),中共中央编译局编译,北京:人民出版社,2009年,第359页。

第四章 恩格斯生态思想的主要内容

- 第一节 恩格斯与马克思生态思想的共同立场
- 第二节 恩格斯对马克思生态思想的补充

第四章 恩格斯生态思想的主要内容

马克思恩格斯生态思想是一个有机的整体，两人在许多关键问题上持有共同的立场，但在具体理论的深化和拓展方面，两人各有特点。通过分析恩格斯的著作和论述，我们可以更全面地理解马克思恩格斯生态思想的丰富内涵和深远影响。首先，马克思与恩格斯在生态思想上持有共同的立场。他们都认为，人与自然的关系是辩证的、互动的，人类通过劳动和社会交往展现出了独特的主观能动性，但这种能动性必须在尊重自然规律的前提下才能实现真正的人与自然的和谐共生。其次，恩格斯主要在以下几个方面对马克思生态思想进行了补充，分别是：自然界的内在规律、人类与自然的关系、科学技术与自然、可持续发展理论。恩格斯对马克思生态思想的补充，不仅深化了对自然界的认识，还为解决当代生态环境问题提供了更为全面的理论指导。通过马克思与恩格斯的共同努力，马克思主义生态思想成了一个系统、科学、全面的理论体系，为我们理解和应对生态环境问题提供了宝贵的理论资源。

第一节 恩格斯与马克思生态思想的共同立场

作为马克思的亲密战友和马克思主义学说的重要奠基人，恩格斯在其丰富的哲学、经济学和社会理论中，也展现了深刻且具有前瞻性的生态哲学思想。恩格斯从历史唯物主义的高度进行思考，提出了具有深远影响的生态观念。马克思与恩格斯的历史唯物主义视角下的自然观，构成了他们生态哲学的基础之一。这一视角深刻揭示了人类社会与自然界之间不可分割的联系以及动态发展的互动关系。在历史唯物主义框架下，马克思和恩格斯认为,自然是人类社会存在的前提条件和物质基础。他们强调,自然不仅是人类生存和繁衍的环境,而且是劳动的对象和生产力发展的源泉。马克思提出,人靠自然界生活,人的社会存在直接依赖于对自然界的改造和利用。

恩格斯的生态哲学主要体现在他对自然界客观规律的尊重、对人与自然相互作用辩证关系的理解,以及对资本主义生产方式对生态环境破坏的深刻洞察上。他强调,人类社会进步不能无视自然界的承载能力,指出无节制的掠夺性开发必然导致生态失衡与环境危机,这在今天全球变暖、资源枯竭等问题日益严重的背景下显得尤具警示意义。

第二节 恩格斯对马克思生态思想的补充

恩格斯的生态哲学思想是在马克思生态思想的基础上对其进行的补充,尽管他们的侧重点有所不同。马克思主要关注的是社会生产方式和资本主义制度如何影响人与自然的关系,而恩格斯在《自然辩证法》这部未完成的手稿中,更侧重于探讨自然界本身的内在规律以及自然与社会之间的辩证关系。

恩格斯在其著作《自然辩证法》中进一步深化了对人与自然关系的理解。他指出,人类社会的发展史实质上是一部人与自然相互作用的历史。人类通过劳动实践改变自然界的同时,自然界也反过来影响着社会形态的变迁。这种互动并非单向的征服和掠夺,而是应该遵循自然规律,实现人与自然的和谐共生。历史唯物主义者主张,在理解和处理人与自然关系时,必须摒弃形而上学的孤立静止观,并树立起辩证统一的整体观。这意味着人们要认识到,经济发展不能单纯追求短期利益而忽视对生态环境的破坏,应当在尊重和保护自然的基础上,实现经济社会可持续发展。

因此,马克思与恩格斯的历史唯物主义自然观,不仅为我们提供了认识和解决现代生态问题的科学方法论,还为构建生态文明社会提供了深厚的思想资源。

《自然辩证法》是恩格斯在晚年撰写的一部著作,旨在从哲学的角度出发,应用辩证唯物主义原理分析自然界的现象和规律。这部作品是恩格斯试图将唯物辩证法应用于自然科学领域的尝试,尽管它在恩格斯去世后才出版,但对后来的生态哲学和科学哲学产生了深远影响。恩格斯在《自然辩证法》中,着重分析了自然界的辩证运动,包括进化与退化、量变与质变、偶然与必然等辩证关系。他强调,自然界的演化是一个充满矛盾和斗争的过程,这些矛盾和斗争推动了自然界的进化。恩格斯还讨论了人类在自然界中的位置,以及人类活动对自然环境的影响,强调了人与自然的相互作用。恩格斯的《自然辩证法》对马克思的生态哲学思想做了以下几点补充:

一是自然界的内在规律。恩格斯深入探讨了自然界的内在规律,如物质守恒、能量转换等,这些是马克思在其著作中较少涉及的。恩格斯的自然辩证法为理解自然与社会的互动提供了更全面的视角。达尔文的生物进化论揭示了自然界物种间的竞争与共生、适应与选择等普遍规律,这为恩格斯深入探讨人与自然的关系提供了有力的科学支持。恩格斯认同并借鉴了生物进化的观点,认为人类社会的发展同样是自然界长期演化过程的一部分,人类需要遵循并适应自然界的客观规律。恩格斯深受达尔文"共同起源"和"自然选择"的理念启发,将生态系统的动态平衡原理引入他的哲学思想中。他在《自然辩证法》中强调,人类作为自然界的一部分,其活动方式和文明形态同样受制于生态系统的演进规律,人类应当顺应而非违背这些规律,才能实现持续发展。恩格斯指出:"随着手的发展,头脑也一步一步地发展起来,首先产生了对取得某些实际效益的条件的意识,而后来在处境较好的民族中间,则由此产生了对制约着这些条件的自然规律的理解。"①恩格斯通过对达尔文进化论的解读,强化了他的生态伦理观。他认为,人类不应凌驾于自然之上,而应尊重所有生命形式的生存权利,珍视和维护生物多样性,倡导一种基于生态平衡的社会发展模式。

二是人类与自然的关系。恩格斯强调,人类是自然演化的一部分,但人类的活动对自然有着巨大的影响。他警告说,人类如果不考虑自然的界限和生态平衡,可能会遭受自然的报复。恩格斯说:"生命是整个自然界的一个结果,是在自然界的全部联系所提供的特定的条件下产生的。"②"我们不要过分陶醉于我们人类对自然界的胜利。每一次这样的胜利,自然界都对我们进行报复。"③这一点在《自然辩证法》中通过讨论地质时代的变化、物种灭绝等自然历史事件得以体现,恩格斯更多地从人与自然天然属性与关系层面进行说明,而马克思更多地从社会制度层面进行阐述,二者的侧重点有所不同。恩格斯对于人与自然关系的历史性和辩证性理解,是他生态哲学的核心组成部分。他认为,人与自然的关系并非固定不变,而是在历史发展中不断演变且充满辩证性质。

恩格斯明确指出,自然界对人类历史发展具有决定性的制约作用。他认为,人类社会并非孤立存在,而是深深植根于自然界之中,自然界提供的物质条件是人类历史发展的基础和前提。例如,地理环境、气候条件、生物资源等自然因素,都直接影响着人类社会形态的演变和文明的进程。恩格斯强调,人类必须尊重和顺应自然界的客观规律,否则将受到自然界的严厉惩罚。恩格斯还强调人与自然关系的历史性。在他看来,人类社会的发展历程,实质上是人与自然关系的历史演进过程。原始社会时期,人类主要依赖自然资源生存,人与自然关系相对和谐;随着生产力

---

① 《马克思恩格斯文集》(第9卷),中共中央编译局编译,第421页。
② 《马克思恩格斯文集》(第9卷),中共中央编译局编译,第459页。
③ 《马克思恩格斯文集》(第9卷),中共中央编译局编译,第560页。

的发展,人类开始大规模改造自然,人与自然关系变得紧张复杂。然而,恩格斯并未否定人类改造自然的权利与必要性,他强调的是要在尊重和顺应自然规律的前提下,合理利用和改造自然,实现人与自然的和谐共生。

另一方面,恩格斯深入剖析了劳动在人与自然互动过程中的核心地位和深远影响。他认为,劳动是人类认识和改造自然的主要手段,也是推动人类社会进步的根本动力。恩格斯指出:"手的专业化意味着工具的出现,而工具意味着人所特有的活动,意味着人对自然界进行改造的反作用,意味着生产。"[1]通过劳动,人类不仅能从自然界获取生存资料,满足自身生活需求,而且能逐步掌握自然规律,创新生产方式,推动生产力的发展。同时,劳动也塑造了人的社会关系,推动了复杂的社会结构和丰富的文化内涵的形成。因此,劳动在人类与自然界相互作用的历史长河中,既体现了人类对自然界的依赖性,又展示了人类能动改变世界的能力,从而揭示了人与自然和谐共生的辩证关系。

三是科学技术与自然。恩格斯分析了科学技术在人类与自然关系中的作用,他认为科学技术的进步既是人类征服自然的工具,也可能成为破坏自然的武器。恩格斯的这一观点强调了在科技进步的同时,必须考虑其对自然环境的潜在影响,这是马克思的著作中鲜少详细论述的。恩格斯认识到,科学技术的进步极大地增强了人类征服自然的能力。从火的使用到蒸汽机的发明,再到电力的应用,每一次科技革命都显著提升了人类对自然资源的开发和利用效率。科技的进步使人类能够开垦土地、挖掘矿藏、建造城市、控制河流、生产食物、治疗疾病,以及探索宇宙。这些成就展示了人类智慧的辉煌,也是人类文明发展的重要标志。恩格斯认为,人与自然既是对立的也是统一的,对立表现在人类在利用和改造自然

---

[1]《马克思恩格斯文集》(第9卷),中共中央编译局编译,第421页。

的过程中可能会引发生态环境问题,统一则体现为人与自然可以通过科学技术的进步和社会制度的变革达到新的和谐状态。这种辩证关系要求我们既要看到人类社会进步对自然环境的压力,也要看到人类有能力、有责任通过科学的方法和技术手段,修复和改善被破坏的生态环境。

为了达到人与自然新的和谐状态,恩格斯提倡在科技进步的同时,必须辅以正确的社会制度和伦理观念。恩格斯指出:"为此需要对我们的直到目前为止的生产方式,以及同这种生产方式一起对我们的现今的整个社会制度实行完全的变革。"[①]这意味着科技发展应以可持续性为目标,减少对环境的负面影响。例如,开发清洁能源技术、改进工业流程以减少废物排放、采用生态农业等。同时,社会制度也应鼓励环境保护,通过立法限制有害环境的行为,促进资源的合理分配和利用,以及通过教育提高公众环保意识。恩格斯的这些思想在当时是超前的,他预见了后来环境科学和可持续发展理论的核心议题。他的观点提醒我们,科技进步是人类发展的关键,但不应以牺牲自然环境为代价。通过科技与社会制度的双重创新,人类可以与自然建立起更为和谐的关系,实现文明的可持续发展。

四是可持续发展理论的先驱探索。 恩格斯作为 19 世纪伟大的哲学家和思想家,他在对未来的理想社会构想中已包含了诸多可持续发展元素,是可持续发展理论的先驱探索者。恩格斯在《自然辩证法》等著作中,深度探讨了人类与自然的关系,提倡在改造自然的过程中,必须遵循自然规律,适度利用自然资源,坚决反对无度剥削和破坏生态环境的行为。恩格斯强调:"事实上,我们一天天地学会更正确地理解自然规律,学会认识我们对自然界习常过程的干预所造成的较近或较远的后果。"[②]他认为,

---

[①]《马克思恩格斯文集》(第 9 卷),中共中央编译局编译,第 561 页。
[②]《马克思恩格斯文集》(第 9 卷),中共中央编译局编译,第 560 页。

人类社会的进步不能以牺牲自然环境为代价,理想的未来社会应当是人与自然和谐共处、经济发展与环境保护相协调的状态,这无疑预示了现代可持续发展理念的核心内涵。

恩格斯对和谐人地关系的不懈追求,对现代生态文明建设产生了深远影响。他提出"人化自然"的观念,强调人类通过劳动实践活动对自然进行合理的改造和利用,旨在达到人与自然的和谐共生。这一理念对于我们今天面对全球生态危机,推进绿色发展,构建生态文明具有重要的启示作用。恩格斯的思想要求我们在追求经济效益的同时,必须关注社会效益和生态效益,着力构建资源节约型、环境友好型的社会发展模式,这正是可持续发展理论在实践层面的有力体现。

总的来说,恩格斯在《自然辩证法》中对自然界的探讨,以及对人与自然关系的深入分析,为理解马克思的生态哲学提供了更广阔的视角,特别是从自然科学的角度,丰富了马克思主义理论体系中的生态维度。恩格斯的思想启示我们,理解人与自然的关系,不仅要从社会制度的角度出发,还要认识到自然界的内在规律和人类活动对自然的深远影响。

随着工业革命的推进和资本主义生产方式的扩张,环境问题逐渐成为全球性的重大挑战。马克思和恩格斯在19世纪就敏锐地洞察到了人类活动对自然环境的影响,并在其著作中初步探讨了人与自然的关系。尽管生态思想并不是马克思主义理论的重点与核心,但随着生态危机的不断加剧,这一思想逐渐引起了广泛关注,并在不同的历史时期和文化背景下得到继承和发展。

西方马克思主义学者从哲学和文化批判的角度,探讨了资本主义社会中的生态危机及其根源;苏俄与苏联的马克思主义者则在国家计划经济的框架内,尝试通过科技进步和合理规划来解决环境问题;中国的马克思主义学者将这一思想与中国具体国情相结合,形成了具有中国特色的生态文明建设理论和实践路径。三者在理论上都来源于马克思恩格斯生态思想,但传承的方向不同;在实践中都是对各自面临的生态问题的回应,但回应的方式有别。第五章、第六章和第七章旨在基于马克思恩格斯生态思想的主要内容,分析不同人物和流派在这一领域的继承与发展,探讨这些理论和实践对当代生态文明建设的重要意义。回顾历史,展望未来,希望能够为解决当前的环境问题提供新的理论支持和实践路径思考。

第五章 | 西方马克思主义对马克思恩格斯生态思想的传承与歧出

- 第一节　以卢卡奇、葛兰西为代表的早期西方马克思主义自然观
- 第二节　以霍克海默、马尔库塞等为代表的法兰克福学派自然观
- 第三节　以福斯特、莱斯等为代表的马克思主义生态学

第五章　西方马克思主义对马克思恩格斯生态思想的传承与歧出

作为一个多维度、充满活力的学术领域,西方马克思主义的定义在不同语境下可能产生多重解读。为了规避潜在的混淆,并且精准地传达本书的研究焦点,本书采用双轴界定法来界定这一概念:一方面,我们关注那些起源于或主要在西方文化背景下发展的理论体系;另一方面,我们强调,即便某些观点可能对经典马克思主义理论进行了创新或批判性重构,但它们仍自视为马克思主义传统的继承者。鉴于西方马克思主义内部存在众多学派和广泛的个体差异,本书将采取分期梳理的策略,挑选出若干关键人物及学派并描绘其生态思想的发展概貌。这种做法旨在呈现西方马克思主义对生态问题认识的动态变化,同时突出其理论框架内蕴含的多元性和复杂性。

第一节　以卢卡奇、葛兰西为代表的早期西方马克思主义自然观

早期的西方马克思主义自然观,最大的特点或者说具有巨大贡献的一点就是,站在唯物主义的视角去看待人与自然的关系,认为"自然本质上属于社会的范畴",这一观点在卢卡奇的著作《历史与阶级意识》中有所提及。[①] 持有这个观点和视角的代表人物还有葛兰西。卢卡奇在其著作中探索了自然与社会之间更为复杂的相互作用关系,强调了人类活动如何塑造自然环境,以及这种塑造过程又如何反过来影响社会结构和人类

[①] [匈]卢卡奇:《历史与阶级意识》,杜章智、任立、燕宏远译,北京:商务印书馆,1999年,第210页。

经验。在《历史与阶级意识》这部开创性的著作中,卢卡奇从人类能动性的角度切入,深入分析了资本主义社会中人与自然的关系。他指出,在资本主义条件下,人们所遭遇的自然,尽管是经由人类自身的劳动实践所构建的"具体化"自然,却依然呈现出一种外在于人的客观特性,仿佛与人类主体相对立的状态。卢卡奇认为,人的主体性完全转向内省,体现为对自然法则的认知和对内心世界情感反应的意识。这种内外分裂的状态,即人对自然的科学理解与对自身情感体验的关注,正是自然概念含混不清、界限模糊的根本原因。

卢卡奇从三个层次诠释了自然的概念:其一是将自然界定为自然法则的系统性展现,自然被视为一个超脱于人类主观性的客观领域。其二是自然被赋予了社会价值和象征意义,这一观点在很大程度上受到了卢梭和康德哲学的启发,自然在此意义上成了衡量现代社会"异化"程度的标尺。它暗示着,尽管人类在物质文明和科技进步方面取得了长足进展,但却可能在这一过程中背离了人性的本真,失去了作为完整个体的内在丰富性。最后,卢卡奇强烈批判了将自然降格为纯粹物化资源的观点,主张自然应当被视为与人的自由意志和社会身份紧密相连的有机组成部分。在这一理想图景中,自然不仅是人类实现自我完善和精神升华的土壤,还是促进理论与实践、理智与情感、形式与内容融合的媒介,预示着一个克服了所有分裂、回归人性完整性的乌托邦愿景。

卢卡奇在其后期作品《社会存在本体论》中,对"第二自然"的理念进行了详尽的阐述。他将存在范畴细分为"无机自然、有机自然与社会"三个层面,这三个层面既彼此独立又相互交织,其中无机与有机自然构成了原始的、非意图驱动的"第一自然"。卢卡奇强调,自然存在乃是社会存在的基石,缺乏自然界的物质条件,社会结构及其运作便无从谈起。而社会作为"第二自然",则是在人类对"第一自然"进行持续的改造和再创造的过程中诞生的。简而言之,社会不仅根植于自然,而且通过人类社会实践活

第五章 | 西方马克思主义对马克思恩格斯生态思想的传承与歧出

动,自然的面貌得以重塑,进而演化为与人类社会共生的新形态。这种划分方法,既确认了自然界的原初地位,也突出了自然的社会历史演变特征。

卢卡奇的论述揭示,尽管人类社会的发展显著提升了人类对自然界的改造能力和扩大了改造范围,自然界的束缚虽日渐松弛,却从未彻底消亡。社会建构始终依赖于"第一自然"的物质基础,无可避免地受其制约。与此同时,他批评了资本主义生产制度的弊端,特别是运用历史唯物主义的视角,指出了资本主义生产方式存在的问题,他认为其与"第一自然"理论相违背。但不同于先前在《历史与阶级意识》中对于自然辩证法的否定立场,卢卡奇的著作《社会存在本体论》重新描述了自然辩证法,并强调了它的特殊作用①,那就是对于理解自然与社会关系的关键作用。通过这种分类,卢卡奇既维护了自然界的先验性,也彰显了自然与社会互动的历史性。此外,卢卡奇在《历史与阶级意识》和《社会存在本体论》中提出"自然限制的退缩"的概念,深刻展现了社会存在如何既推动了自然的边界扩张,又面临其不可逾越的界限。卢卡奇洞察到,在资本主义体系下,文明进步的最高理想正是实现对自然的全面掌控。社会的内在规律左右着人类命运,其功能在于将自然环境纳入社会逻辑的轨道,这一目标在历史进程中已被逐步证实。然而,这一进程复杂且充满变数。

卢卡奇对于马克思恩格斯生态观的研究基于历史唯物主义的视角,上文提到了卢卡奇对恩格斯自然辩证法的态度,再来说他对马克思的研究。马克思谈到自然也属社会范畴这一议题最先问世的著作应该是《1844年经济学哲学手稿》。卢卡奇虽和此书并无交集,但其中对于人与自然、自然与社会的理解却如出一辙。他们都承认自然的内在社会性和人本属性,强调脱离人类活动的自然,其意义将变得空洞无物。② 卢卡奇

---

① [匈]卢卡奇:《历史与阶级意识》,第219页。
② [匈]卢卡奇:《历史与阶级意识》,第328页。

援引马克思在《〈政治经济学批判〉导言》中的论述,阐明自然与人类关系的动态变化随社会历史情境的演进而调整:"在土地所有权占据主导地位的所有社会形态中,自然纽带居于核心;而在资本主导的社会形态中,社会历史创造的要素则占据了主导地位。"①上述这段卢卡奇的话就明确表明了自然处于社会的范畴,也就是说人类社会的发展阶段和历史进程会明显影响自然界的发展和变化,自然界已经和人类社会息息相关了。而两者中间产生交互的媒介就是人类的实践活动,人类从自然界获得生产资料,再应用到社会中去,最终满足人类生存发展所需。这一论述其实就是以历史唯物主义的视角去看待人与自然的关系。

当然,上面是卢卡奇理论受到学界肯定之处,但两者同时存在着一些分歧。卢卡奇认为只有在资本主义这个历史阶段或者社会形态下,自然才可以在社会的范畴下进行讨论,换言之就是只有在资本主义的生产方式下,人类社会的发展印记才可能会影响自然。从认识论层面,卢卡奇认为,在资本主义兴起之前的时代,由于"客观的、经济的社会化"尚未充分实现,人与自然之间的原始纽带尚未被文明进程彻底割裂,故彼时的人们难以洞察自然的社会属性。②这也是卢卡奇在这一问题上的局限性所在。其实并不一定局限于某种社会制度下,人类的活动才可以影响自然,或者说自然只有在某一类生产方式下才具备社会属性,也并不意味着在人们这一认知尚未觉醒之前,自然与人类社会是脱节的。实际上,自然的社会属性是客观存在的,无论人类是否意识到它的存在。

恩格斯曾提出,实践,尤其是实验与工业活动,是对所有哲学谬误最有力的反驳,这宣告了康德那捉摸不定的"自在之物"理论的终结。卢卡奇却主张,"自在"与"自为"并非互斥的概念,而是相互关联、不可或缺

---

① 《马克思恩格斯文集》(第5卷),中共中央编译局编译,第92页。
② [匈]卢卡奇:《历史与阶级意识》,第334—335页。

的,因此,他认为恩格斯对康德的认识论有所误解。然而,卢卡奇在分析中隐含的谬误在于,他将两个本质上分离的议题视为一体。具体来说,公众能否洞察人与自然关系的社会本质,与该关系本身是否具有社会属性,是两个各自独立的议题。虽然卢卡奇准确地指出,人类对自然的见解确受社会历史阶段的约束——这与马克思主义的历史唯物主义观点相吻合——但这并不等价于在人类尚未领悟这一真谛前,自然便失去其社会属性,也不代表历史唯物主义在解释前资本主义社会的自然现象时力有未逮。事实上,自然的社会属性是固有的,其存在与否并不依赖于人类的意识状态。

历史唯物主义的另外一个代表人物葛兰西在他的著作《狱中札记》中对人与自然的关系进行了深入探析。在他看来,一旦我们认可人类的实践活动,就自然而然地承认了外部世界的客观存在及其内在规律。他主张,人与自然的联系是通过劳动和技术创新实现的,这种联系在历史的进程中经由辩证发展逐步走向和谐统一。在他看来,"历史的融合"体现为自然与意识的融合,以及经济根基与社会结构的和谐共存。葛兰西进一步指出,人是历史演进的产物,人类对客观世界的认知及外界现实本身,都是历史进程中的生成物,由此推断,客观性亦是历史演化的结果。[1]

葛兰西阐述了人与自然的关系,其实是对马克思恩格斯生态思想的继承与补充,在他的著作《狱中札记》中提到了人类具有创新精神,并且可以把创新精神与改造自然相融合。他还在这部著作中对布哈林的物质观进行了批判,批评的核心在于,一旦接受了人类行动的中心地位,也就默认了外在世界的实在性和其遵循的法则。他坚信,人与自然的交互作用,通过工作和科技的媒介得以展现,这种互动在历史长河中,经由辩证的过

---

[1] [意]安东尼奥·葛兰西:《狱中札记》,葆煦译,北京:人民出版社,1983年,第84—110页。

程,逐渐趋向于一种综合的平衡。葛兰西眼中,"历史的整合"即为自然与心智的交融、经济底层结构与上层文化体系的协同一致。[①] 他提出,人是历史动态塑造的结果,人类对客观世界的改造也与历史的发展与变迁息息相关。

葛兰西将自然的时间性和人类的创造力融汇在一起。然而,葛兰西的局限性在于,他倾向于将自然简化为生产过程中的经济因素,未能全面地从唯物史观和辩证法的视角把握马克思阐述的人与自然互动的复杂性。他似乎局限于将自然视为经济活动的组成部分,忽视了人与自然的关系是复杂的、多面的,时而站在历史唯物主义视角,时而又发生偏离。

第二节 以霍克海默、马尔库塞等为代表的法兰克福学派自然观

法兰克福学派着重于实践在人与自然关系中的核心作用,是对马克思恩格斯生态观的继承和发展,具有一脉相承的理论价值。这一派的学者,如霍克海默、阿多诺、马尔库塞和施密特等人,将生态学议题融入他们的批判理论之中,对资本主义社会的生态破坏进行了深刻的剖析,提出了超越经济层面的综合性批判视角。他们主张,要有效应对环境危机,必须从制度构建和文化价值观的角度进行根本性的反思与变革,这为生态问题的解决提供了多元而深刻的分析视角,超越了单一的经济分析框架,倡导了一种全面审视现代社会生态困境的方法论。

霍克海默与阿多诺作为法兰克福学派的关键人物,代表著作有《批判理论》和《启蒙辩证法》。霍克海默与阿多诺深化了马克思恩格斯生态观,

---

[①] [意] 安东尼奥·葛兰西:《狱中札记》,第 125 页。

并做出了三大贡献。首要贡献体现在霍克海默对批判理论与传统理论差异的剖析中。① 他指出,传统理论将个体视为脱离社会与自然的抽象存在,而批判理论则强调主体是社会与自然环境的有机组成部分,倡导逻辑与历史的结合,视城市、乡村、自然景观为人类活动的产物,体现了生态自然概念的集体认知。② 其次,《启蒙辩证法》也是对生态文化的首次批判。霍克海默与阿多诺批判了启蒙运动,他们认为,尽管启蒙运动的初衷为消除迷信,却意外推动了对技术和物质的盲目崇拜,导致对科技控制力的追求超越了对自由的追求,最终使社会陷入倒退。他们认为,启蒙运动虽然促进了科技发展,却也激发了人类对自然的征服欲,科技不再中立,而是成为统治阶层的意识形态工具,这种批判被后来的马尔库塞和哈贝马斯进一步深化。③ 最后,两人深刻理解人与自然关系的重要性,将其视为理论探讨的核心。在《启蒙辩证法》中,他们主张人与自然的关系应优先于人际和社会关系,认为阶级斗争和政治经济学不再是首要问题,关注点转向了人与自然关系的恶化。他们洞察到科技进步未必能确保人类解放,这一观点对后世理论产生了重大影响。霍克海默与阿多诺通过其著作,将生态哲学融入批判理论,为马克思主义生态观的构建提供了重要基石,强调了自然与社会的互动,批判了科技理性,提升了人与自然关系的理论地位。

霍克海默与阿多诺的生态哲学虽锐利批判了科技理性与文化,但也显露了理论局限。他们过度聚焦于科技的弊端,认为启蒙思想引发了科技的巨大进步,从而将生态问题归咎于人类社会思想的进步。他们忽视了启蒙运动背后的原因是经济的快速发展,正是经济发展与思想进步相

---

① 耿化敏:《新时代中国共产党知识分子思想的创新发展——习近平关于党的知识分子工作重要论述研究》,《理论学刊》2021年第2期。
② [德]马克斯·霍克海默:《批判理论》,李小兵等译,重庆:重庆出版社,1989年,第192页。
③ [德]马克斯·霍克海默、西奥多·阿多诺:《启蒙辩证法》,渠敬东、曹卫东译,上海:上海人民出版社,1982年,第9页、第14页、第35页、第41页。

割裂,才导致人类对自然的主宰与压迫,最终酿成自然与社会的双重退化。在人类对自然的掌控与人与人之间的权力结构间,他们误置了因果链。实际上,人对自然的统治应是人与人之间权力不平等的结果,而非其起因。简言之,尽管二人的理论深刻,但他们过分强调了启蒙文化与科技理性的负面影响,忽略了经济结构在决定社会变迁中的根本作用,同时在分析自然与社会关系时,颠倒了人统治自然与人统治人之间的因果顺序。

马尔库塞是一位著名的德国哲学家和社会理论家,他是法兰克福学派的重要成员之一。马尔库塞最为人所知的作品是《单向度的人》。在这本书中,他批评了现代社会中人们对技术和消费主义的依赖,指出这些因素导致人们的思维和行为模式变得单一,缺乏批判性和反抗精神。他还提出了"革命性乌托邦"的概念,鼓励人们追求更自由、更人性化的生活方式。[①] 在其生态学思考中,他既承袭了马克思的部分理论,又有对马克思恩格斯生态观不是十分认可的部分。他的著作《反革命与造反》《理性与革命》《论历史唯物主义的基础》等展现了一个不断探索、批判与重构的理论家形象。简而言之,马尔库塞的思想路径充满动态变化,从早期的非马克思主义立场出发,逐渐融入并挑战马克思主义,其对生态哲学的探讨贯穿于多部著作中,既体现了对马克思理论的忠实继承,也彰显了他独立思考和理论创新的精神。

马尔库塞的自然观核心在于,将马克思关于异化劳动的观点应用到人与自然关系当中。他指出,人类对自然无休止的索取和商业化倾向,不仅破坏了生态平衡,还扭曲了人类与自然和谐共存的本质,自然被贬低为单纯的资源和工具,丧失了其内在价值和生命活力。[②] 这种异化下的自然,限制了人的生存空间,剥夺了个体在自然中寻找自我和享受美的权

---

① Herbert Marcuse, *Counter-Revolution and Revolt*, Boston: Beacon Press, 1972, p. 60.
② Herbert Marcuse, *Counter-Revolution and Revolt*, Boston: Beacon Press, 1972, pp. 61–67.

利,催生了一种亟须解放的状态。他倡导的自然解放,旨在重拾自然的丰富生命力和美学品质,通过与自然建立平等互惠的伙伴关系,实现人与自然的共同繁荣。这一解放过程的关键,在于赋予自然与人同等的主体地位,视自然不仅是物质存在,还是拥有生命力的实体,是与人类共生的伙伴。借鉴马克思在《1844年经济学哲学手稿》中提出的"对自然的人道占有"概念,马尔库塞主张遵循自然规律,尊重自然的内在生命力和美感,释放自然的潜能,同时激发人类的创造力和幸福感。在此过程中,自然解放与人类解放相辅相成,彼此交织,保护自然的行动超越了简单的生态抗争,成了更广泛的社会政治变革的一部分。[1] 自然的解放被视为人类全面解放的基石和途径,人类的自由离不开自然界的自由和健康。马尔库塞的自然观呼吁恢复人与自然间的和谐,通过提升自然的地位,促进自然与人的双向解放,揭示了生态问题背后的政治与社会维度,将自然解放视为实现人类自由的重要步骤。

马尔库塞在吸纳马克思主义自然观精髓的同时,深化了人与自然相互依存的理解,强调两者异化与解放的内在联系,并认同自然的先验地位,将此视角融入对现代社会生态危机的剖析中,拓展了社会批判理论的生态维度,彰显了哲学的批判力。他的这些洞见,既是马克思自然观的忠实延续,亦是对其的创造性发展。然而,马尔库塞的生态自然观亦非全然无瑕。首先,他对自然赋予主体地位的主张,隐约透露出生态伦理学的倾向,却未能充分论证自然如何能具备主体性的逻辑基础,偏离了马克思《手稿》中关于人与自然关系中"人道主义"内涵的本意。其次,他沿袭了霍克海默将人与自然关系置于首要位置的看法,过于突出生态危机的重要性,甚至将其凌驾于经济危机之上,视人与自然的冲突为社会矛盾的核

---

[1] 俞吾金、陈学明编:《国外马克思主义哲学流派新编:西方马克思主义卷》,上海:复旦大学出版社,2002年,第321页。

心,这一立场与马克思主义对社会矛盾本质的解读有所出入。最后,他与霍克海默和阿多诺一样,聚焦于工具理性对社会控制的形成,批判其负面效应,却同样未能妥善处理自然解放与人类解放的先后次序,将前者视为后者的前提条件,这一观点在理论上存在争议。

作为法兰克福学派第二代重要成员的施密特,在《马克思的自然概念》一书中,详尽剖析了马克思所讲的人与自然的关系问题。他坚定不移地拥护自然界的"先验"性质,认可自然对人类及意识的优先权和客观现实。这一观点在《德意志意识形态》中由马克思首倡,施密特对此有深切的共鸣。施密特强调,人与自然关系问题要放在历史唯物主义的视角下去看待,明确提出了自然的发展与社会经济发展、人类的进步息息相关。他提到,马克思自然观之所以独具特色,正是因为它深深嵌入了社会历史的脉络之中。在自然与社会相互作为中介的概念里,自然作为人类行动的物质基础,虽然保持着客观性,但只有通过社会实践这一纽带,才能与人类建立联系,获得其内在的意义。相应地,自然也是人与社会连接的中介,这要求人类遵从自然规律,将物质世界转变成适应自身需求的资源。这一见解并未减损自然的客观本质,反而凸显了自然在人类生活中的基础角色。施密特进一步阐述,这种中介关系体现了自然辩证法的特点,即社会作为现实的一个面向,同样经历着自然的中介作用。他借助《资本论》中的"物质变换"概念,描绘了自然的人化与人的自然化过程的社会历史特质。[1] 物质变换的实质在于自然被人类化、人类被自然化,其表现形式则受特定历史阶段的制约。通过人与自然的交互作用,人的本质力量与被改造的自然元素得以融合,与此同时,自然物质在历史长河中作为愈发多元的使用价值载体,承载了新的社会特征。

施密特及其追随者认为,马克思的自然观深深嵌入在其历史唯物主

---

[1]《马克思恩格斯文集》(第6卷),中共中央编译局编译,第377页。

第五章 | 西方马克思主义对马克思恩格斯生态思想的传承与歧出

义理论之中,而恩格斯的观点则更接近于一种直观的实在论。① 施密特强调,马克思视自然与历史为紧密相连、不可分割的整体,马克思认为,自然的真实面貌仅能透过社会劳动这一棱镜来揭示。而在恩格斯的理论中,这两者似乎被归类为唯物辩证法理论下不同的研究范畴。此外,施密特等学者指责恩格斯未能如马克思那般,从经济学角度重新构思自然,而是依赖于19世纪的科学发现,采用辩证法对现象进行分析。他们认为,恩格斯的辩证法仅限于探讨事物的表层联系,本质上是对"自然哲学"旧体系的复兴,导致自然与历史的割裂,使自然被刻画为与人类社会实践活动脱节的孤立存在。

尽管有人质疑施密特可能否定了自然的先存状态,但实际上,施密特的理论与马克思的观点是相辅相成的。周义澄提出,马克思在不同层面应用自然概念:首先是自然作为所有物质的集合体;②其次,自然受到外部环境的影响,受到社会环境的影响;最后,自然是人类生存发展必不可少的生产资料提供源。以上这些阐述都表明了自然与社会的关系,人和自然都不是先前人们认识的互相孤立的状态,而是相互影响、相互作用的,要从不同的维度并用多元的眼光去解释历史唯物主义视角下的自然。

早期西方马克思主义者如卢卡奇,以及法兰克福学派的其他关键人物,均对恩格斯的自然辩证法持有异议,他们之间的辩论亦不乏尖锐。施密特的批判尤其全面。施密特对自然观的贡献,是在坚持马克思主义哲学基础上,深化了对自然与社会关系的理解。他坚信,自然与社会的互动并非简单的二元对立,而是通过复杂的社会实践和历史进程相互渗透、相互转化的过程。这一理论视角既尊重自然的客观存在,又强调了社会历

---

① [德] A.施密特:《马克思的自然概念》,欧力同、吴仲昉译,北京:商务印书馆,1988年,第59页。
② 周义澄:《自然理论与现时代——对马克思哲学的一个新思考》,上海:上海人民出版社,1988年,第276页、第286页。

史的动态影响,为理解人与自然的关系开辟了新的路径。然而,在对恩格斯自然辩证法的批判中,施密特及其同僚可能忽略了恩格斯理论中同样重视社会历史因素的方面,从而导致了某些理论上的偏差。

简而言之,施密特及其同道对恩格斯的自然观质疑,认为它未能触及马克思历史唯物主义的核心——自然与社会的深刻联结。他们指出,恩格斯的自然辩证法未能对自然进行经济学层面的重构,只是将当时的自然科学知识与辩证法思想生硬结合,未能揭示自然与人类社会行为之间错综复杂的关系。① 在他们看来,恩格斯的自然观相较于马克思的理论,显得更加概念化且静止,未能把握住自然与社会间动态交互的精髓。此观点暗含之意为,自然并非一个孤立于人类活动之外的实体,而应被视为社会生产进程与历史演变的一个不可或缺的有机部分。

施密特等学者的观点尽管并非全然误解恩格斯的立场,但仍存在若干重要的认知偏误。首先,恩格斯一生都在不懈地批判传统自然哲学,主张自然辩证法绝非那些以空想替代实证的过时理论所能比拟的。自然辩证法旨在呈现一幅全面描绘自然界中各种联系的画卷,它的兴起实质上宣告了自然哲学的消亡。在恩格斯看来,任何企图重振自然哲学的行为都是逆时代潮流而动,甚至是历史的倒退。其次,施密特的剖析未能充分捕捉到恩格斯对于自然与人类活动间复杂互动的深刻洞察。事实上,恩格斯从未将自然与人类社会行为视为孤立的存在,他多次警告说,人类若无节制地征服自然,终将遭受自然界的报复。这一点证明了在自然与社会历史一体化的认知上,恩格斯与马克思有着共同的视角。最后,上述批评仅局限于主观辩证法的范畴,而对客观辩证法视而不见;他们认可历史辩证法的重要性,却对自然辩证法置若罔闻。这种单方面的理解只是触及辩证法的冰山一角,而忽略了其全面性,本质上违反了辩证法的根本原

---

① [德] A.施密特:《马克思的自然概念》,第78页。

则。如周义澄所强调,《自然辩证法》中恩格斯探讨的范围远远超出了单纯的自然界客观规律,还涵盖了人类作用下自然环境的变迁,即所谓的"人化自然界"的辩证法则,以及自然科学知识发展轨迹中的辩证过程。施密特的批评虽不乏真知灼见,但也暴露出一定的局限性,未能全面解读恩格斯自然观的深邃内涵。特别是恩格斯关于《自然辩证法》的当代解读,不仅囊括了自然界自身的矛盾运动和发展,还深入探讨了人类活动对自然环境的影响,以及人类对自然认知的演进。恩格斯的自然辩证法,实则是历史唯物主义理论在自然研究领域的具体体现,彰显了自然与社会之间不可分割的紧密联系。①

第三节 以福斯特、莱斯等为代表的马克思主义生态学

马克思主义生态学的核心议题主要围绕三个维度展开:一是深入剖析生态危机的根源;二是积极寻觅化解生态危机的有效途径;三是构想生态社会主义的理想蓝图。

马克思主义生态学对生态危机的根源进行了多层次剖析,主要从科技的作用、资本主义体系及意识形态影响三个方面展开。首先,它批判了将生态危机简单归咎于科技发展的观点,强调在评估科学技术时,不能将科技发展水平脱离社会背景去考察,必须与当时社会的发展阶段、经济水平和政治背景相结合。高兹曾将科技分为"硬科技"和"软科技",前者如核技术,追求高额利润,却对环境造成灾难性破坏,被视为资本主义的产

---

① 周义澄:《自然理论与现时代——对马克思哲学的一个新思考》,第276页、第286页。

物;后者如太阳能、风能等规模适度、环保安全的技术。① 因此得出结论:资本主义制度造成了生态危机。奥康纳与福斯特也持有同样的观点,认为生态危机的直接根源是资本主义制度。福斯特认为科学技术只是资本主义生产方式发展到了一定阶段的产物,他断言:"解决问题的关键不在于科技本身,而在于社会经济体制。"②莱斯也提出,驾驭自然的理念,实质上是借助科技这一媒介,对自然进行操纵,同时调控着科技本身与人性,这实际上是对人与自然互动模式的一种主导。③ 驾驭自然与社会的控制相互交织,共同推进社会历史的演进,体现了历史进程中人类与自然的双重面向。这种驾驭自然的理念,具备意识形态的特性,其内涵复杂,兼备建设性与破坏性。正面而言,合理驾驭自然的理念能促进自然界的解放,提升生态系统的健康与活力;负面而言,人的物质欲望可能会不断地膨胀,加重生态危机。阿格尔深受莱斯思想的影响,认为人类不能把自然界当作可以随意征服的对象,自然还蕴含着审美与精神层面的价值。在"人化的自然界"中,劳动与自然将携手迈向解放,重塑"与人的本质相契合"的感知,推动人类与自然建立一种创造性的、自我更新的关系。④由此看出,阿格尔在诠释马克思自然观时,与莱斯的观点相呼应,强调了主体意识在形塑人与自然关系中的核心作用。他认为,劳动能转变"人的感知"(即人类对自然的态度),而这种感知的蜕变,又将反哺于人与自然的互动,引导其朝着更加和谐共生的方向发展。

面对生态危机,到底以什么样的方式才能从根本上将其解决呢?西

---

① Andre Gorz, *Ecology as Politics*, Boston: South End Press, 1980, pp. 117-118.
② [美]约翰·贝拉米·福斯特:《生态危机与资本主义》,耿建新、宋兴无译,上海:上海译文出版社,2006年,第95页。
③ [加]威廉·莱斯:《自然的控制》,岳长龄、李建华译,重庆:重庆出版社,1993年,第25—28页、第131—146页。
④ [加]本·阿格尔:《西方马克思主义概论》,慎之等译,北京:中国人民大学出版社,1991年,第25—26页。

方生态马克思主义者对此进行了反思,并且试图从社会制度变革的角度找到解决方式。第一,马克思和恩格斯认为,只有建立无产阶级政权,建立社会主义制度,才可以从根本上打破资本主义生产方式,建立一种新型的社会秩序。但部分马克思主义生态学者对此质疑,如果无产阶级的物质条件提高了,那么无产阶级是否还有动力继续去引领生态变革。莱斯和阿格尔觉得,可以由还具有革命精神的中产阶级担任生态建设领袖。高兹则提出,由于物质生活的丰裕,阶级矛盾得到缓解,无产阶级对资本主义的批判意识逐渐淡薄,其作为革命主体的角色已然弱化。[1] 而革命的主体应该是那些非无产阶级,他们可能是"非工人的非阶级群体",他们是自动化浪潮下被边缘化的群体,远离了直接的物质生产,其目标不是占有劳动,而是消除劳动本身及对劳动的束缚。这群人虽然具备劳动能力,却不乐于充分施展,劳动对他们而言,变成了偶尔为之且不得不忍受的任务。劳动不再是一种创造性的生产活动,而是桎梏劳动者本身的枷锁,解放劳动才能瓦解资本主义生产方式。第二,莱斯认为自然不是要被人类所控制的,而是需要被合理利用的,解放自然的同时也是解放人类自身。只有约束那些非理性和破坏性的欲望,才能实现自然的解放和人性的解放:人类将能够在平和的状态下,自由地享受其智慧结晶带来的丰富成果,与自然和谐共存。第三,高兹指出,生态危机的根源在于经济理性与生态理性之间的冲突,解决之道在于遵循生态理性的经济体系重构,即"生态经济重建"。其实,生态经济要求从生产的各个环节进行重建,包括产品用料选择、原材料的加工利用、产品运输、销售及再利用等,这就使得产品生产涉及的各个行业也要进行生态化的改造,比如运输、零售、销售等。高兹认为,生态经济重建存在两条路径:资本主义和社会主义。但他强调,鉴于资本主义追求利润最大化的本质,即便在资本主义框架下进

---

[1] Andre Gorz, *Ecology as Politics*, Boston: South End Press, 1980, p. 20.

行生态重建,仍难以避免对自然环境的持续破坏。① 因此,高兹主张,唯有社会主义模式下的生态经济重建,才是真正解决生态危机的可行方案,它能够确保经济发展与环境保护的和谐统一。在《满足的极限》一书中,莱斯深刻质疑了将消费水平直接关联于满足感与幸福感的主流观念。他提出,真正的满足并非来自消费行为本身,而是源于直接参与的生产活动。在这种生产活动中,人们不是为了满足自身的需求或者欲望才去消费,而是通过创造性的劳动过程获得喜悦与成就感,从而切断了消费与生产的传统纽带。只有这样,生产和生态之间的问题,以及人与自然对立的局面才会得到改变。

  马克思主义生态学在构建生态社会主义时也提出了具体的举措。在经济层面上,马克思主义生态学并没有断言一定要通过公有制经济体制来实现社会主义生产关系,而是探讨如何改变资本主义的管理机制,如何更加合理地分配生产资料。所以他们认为,建立一个市场经济与计划调控相结合的社会主义经济体制更能实现合理分配生产资源的目的,②与此同时,在发展经济的同时,注重生态平衡,将经济发展与生态保护放在同等重要的地位。莱斯提到的"易于生存的社会"是一种创新的社会形态,它融合了工业发达国家的政策精华,旨在大幅度降低人均能源消耗,重新定义商品在满足人类需求中的角色,使之不再占据主导地位。在这一构想中,经济增长的决策须以环境健康和人类实际需求为依据,社会自身被视为社会发展进程中的一个环节,而非最终目的。在政治制度方面,马克思主义生态学者在 20 世纪七八十年代倾向于推崇工人自治和基层民主,对大工业体系下的中央集权持批判态度。他们倡导权力下放,让工

---

① Andre Gorz, *Farewell to the Working Class: an essay on post-industrial socialism*, London: Pluto Press, 1982, pp. 70-75.
② [英]乔纳森·休斯:《生态与历史唯物主义》,张晓琼、侯晓滨译,南京:江苏人民出版社,2011年,第177页。

人和消费者直接参与到社会管理中,构建一个非专制、去中心化的社会结构。进入20世纪90年代,全球化已经成为共识,生态问题也成了全球共通性问题,跨国性的生态问题也显得越发复杂,所以要解决生态问题,不能走单打独斗的路线,需要跨国协作、联手解决。奥康纳指出,多数生态问题的根源、影响及其解决方案都与国家经济和全球经济体系紧密相连,这表明仅依靠基层行动不足以有效应对生态挑战。① 马克思主义生态学在文化领域倡导树立良性的人与自然关系的理念,建立正确的生态价值观、文化观,克制消费主义文化的盛行,以人为中心,通过生态平衡、环境治理来实现人的全面、健康发展。阿格尔认为,生产时间可以转化为自由时间和休闲时间,人们能在消除劳动异化后,于生产过程中获得深层次的满足感。② 高兹则区分了劳动时间和闲暇时间,预言闲暇时间将成为未来生活的主导,这标志着社会将从生产主义转向一个更加重视时间自由的、文化价值高于经济价值的"文化社会"。③

马克思主义生态学的核心内容承袭并深化了马克思主义哲学,可以说是马克思主义哲学的重要组成部分。马克思主义生态学将人和自然视为一个整体,同时批判了资本主义的生产关系,认为只有通过社会制度的变革方可从根本上解决生态危机,同时在文化层面构建健康的消费观念,从政治、经济、文化等多个层面共同发力,最终构建生态社会主义。该理论体系坚守马克思主义社会批判的传统,将生态批判融入其中,为理解现代社会的环境问题开辟了新视角。马克思主义生态学不仅丰富了马克思主义的社会历史观,赋予其生态维度,还拓展了马克思主义理论的边界,使其在当代语境下更具生命力和解释力。马克思主义生态学通过剖析资

---

① [美]詹姆斯·奥康纳:《自然的理由:生态学马克思主义研究》,唐正东、臧佩洪译,南京:南京大学出版社,2003年,第434页。
② 曾文婷:《"生态学马克思主义"研究》,重庆:重庆出版社,2008年,第146页。
③ Andre Gorz, *Critique of Economic Reason*, London: Verso, 1989, p. 183.

本主义体制下的生态危机,倡导一种兼顾社会公正与生态平衡的发展模式。它强调,要实现这一目标,必须超越物质主义,倡导一种以人为本、尊重自然的生活方式,促进人与自然和谐共生,从而引领社会向更加绿色、公平的方向转型。总体而言,马克思主义生态学为构建当代马克思主义生态观提供了宝贵的理论资源,它将社会批判与生态关怀相结合,为解决全球性的环境问题贡献了深刻的洞见和创新的思路。

然而,上述生态学的理论体系也暴露出一定的缺陷。首要的局限在于,尽管它们力图融合马克思的社会批判与生态批判理论,却往往未能从实践唯物主义的宏观角度出发,深入挖掘。相反,这些理论常常仅从马克思和恩格斯的著作中选取部分理论片段,如对自然的控制、物质循环等概念,来支撑自己的论证,而未能全面地理解并融入马克思主义生态理论。[①] 其次,上述生态学理论认为资本主义生产方式是人与自然矛盾的外化形式,而忽视了社会制度本身才是根本矛盾所在,将生态危机与经济危机相混淆,忽视了马克思关于资本主义经济危机理论的现实价值和历史意义。再者,上述理论在构想生态社会主义蓝图时,其理论根基与马克思的核心原则存在脱节。它们倾向于依赖非传统的工人阶级,将其作为社会变革的主体,排斥暴力革命的方式,对所有制结构的重要性认识不足,主张抽象的基层民主,以及推广超越阶级界限的主观感受。此外,这些理论还存在将生产力发展与生态保护对立起来的倾向,这些立场与马克思关于社会进步与自然和谐共存的主张相左。总而言之,尽管西方马克思主义生态学为理解环境危机提供了新的视角,但其理论局限性同样值得关注,特别是在对马克思理论的继承与发展方面,存在片面性和理想化倾向,这在一定程度上削弱了其理论的完整性和实践的可行性。

---

① [英]乔纳森·休斯:《生态与历史唯物主义》,第201页。

第六章 | 苏俄与苏联对马克思恩格斯生态思想的继承与发展

- 第一节 普列汉诺夫、列宁对马克思恩格斯生态思想的继承与发展
- 第二节 布哈林等对马克思恩格斯生态思想的继承与发展

苏俄和苏联的马克思主义者在继承马克思恩格斯生态思想的基础上,结合本国的具体国情和社会实践,进行了深入的理论创新和发展。普列汉诺夫和列宁是苏俄早期对马克思恩格斯生态思想的重要继承者。他们从理论和实践两个层面,深化了对自然环境与社会发展的关系的理解。普列汉诺夫强调了自然环境对社会发展的深刻影响,指出自然条件是社会发展的物质基础。列宁进一步阐述了社会主义制度下人与自然关系的和谐发展,强调了社会主义国家在环境保护和自然资源合理利用方面的责任。列宁认为,社会主义制度的优越性不仅体现在经济和社会发展上,还体现在对自然环境的保护上。布哈林和弗罗洛夫则在生态社会主义和生态伦理等方面进行了创新性的研究。布哈林探讨了社会主义经济建设与生态环境保护的关系,提出了"生态社会主义"的概念。弗罗洛夫则系统地阐述了人与自然关系的辩证法,强调了自然界的复杂性和整体性。这些理论不仅丰富了马克思主义生态思想的内涵,还为解决实际生态环境问题提供了具体的指导。

第一节　普列汉诺夫、列宁对马克思恩格斯生态思想的继承与发展

普列汉诺夫深刻地阐释了地理环境与社会历史进程之间错综复杂的关系,他的理论既肯定了地理环境的社会历史性,又细致地解析了其如何通过特定区域的生产关系,基于生产力的基石,对社会发展施加影响。在他看来,地理环境并非直接作用于人类,而是通过塑造生产力这一社会发展的首要条件,进而影响生产关系。普列汉诺夫也认为生产关系决定上

层建筑,甚至说更复杂的关系也影响着上层建筑,生产关系及其附加的一些条件共同影响着人类的生存和发展,甚至是历史的走向,因而对所谓的"环境决定论"提出了批判。他指出,该理论的缺陷在于过分强调自然环境对人类生理和心理的直接影响,而忽略了其对生产力和生产关系的间接且更为根本的作用。[①] 普列汉诺夫指出了地理环境对人类生产发展的影响,也说明了人类社会的发展会影响自然环境、地理环境,地理环境往往带有人类发展变迁的痕迹。在人类发展的不同阶段,生产力水平和生产关系的变革均会对地理环境产生影响,并且表现各有不同。这个观点也和马克思对于生产力和生产关系的阐述相吻合,即人类社会历史的变迁与生产力水平息息相关,与生产方式密切相连。[②] 地理环境对人类社会的影响力及其表现形式受制于生产方式的发展水平,这揭示了地理环境与社会历史发展之间内在的辩证关系。

普列汉诺夫对地理环境与社会历史进程关系的深刻阐述,为我们理解自然环境与社会发展的辩证关系提供了重要的理论基础。他不仅批判了"环境决定论"的片面性,还强调了地理环境通过生产力和生产关系间接影响社会历史的复杂机制。普列汉诺夫的观点与马克思的理论一脉相承,进一步丰富了马克思主义生态思想。在此基础上,列宁对马克思恩格斯生态思想的发展同样具有重要意义。列宁不仅继承了马克思的新唯物主义观,还在自然辩证法的应用和对唯物主义物质观的论述中,进一步深化了对自然与社会关系的理解。通过这些理论的发展,列宁对马克思主义生态思想做出了重要贡献。

列宁生活在19世纪末至20世纪初,这一时期正逢第二次工业革命高潮,工业化进程加速,资本主义扩张带来了生产力的飞跃,但也孕育了

[①] [苏]格奥尔基·瓦连廷诺维奇·普列汉诺夫:《普列汉诺夫哲学著作选集》(第一卷),曹葆华译,北京:生活·读书·新知三联书店,1959年,第767页。

[②] 曾文婷:《"生态学马克思主义"研究》,重庆:重庆出版社,2008年,第269—271页。

前所未有的环境问题,如资源的过度消耗、环境污染的加剧和生态系统的破坏等,这些现象在列宁所处时代的俄国尤为突出。列宁生态哲学在实践中体现出对人与自然关系的深刻洞见。他继承和发展了马克思主义关于自然和历史唯物主义的观点,认识到人类社会的发展与自然环境有着密切且复杂的相互作用。列宁主张通过社会主义计划经济,克服资本主义私有制下对资源的无序开发和浪费,合理利用自然资源,倡导科学发展和技术进步服务于人民的利益和生态环境的改善。

列宁的生态思想植根于社会主义建设的实践之中。在苏联,列宁面临着如何在社会主义制度下处理经济发展与环境保护的关系,如何在工业快速发展的同时防止和减少环境污染等问题。这促使列宁思考如何在社会主义框架内构建一种与自然和谐共处的生态文明。列宁生态思想与马克思的不同之处在于,它是理解早期社会主义实践如何处理人与自然关系的关键窗口,尤其是在探讨如何在社会主义建设中避免重蹈资本主义国家环境破坏的覆辙时,具有很高的理论价值和实践指导意义。

列宁的生态思想总体上是对马克思生态思想的继承与发展,主要包括对"新唯物主义观""自然辩证法"和"唯物主义物质观"的认识与发扬,并且结合国情,提出了新观点。列宁在指导俄国无产阶级政权建设的时候,能够应用马克思的唯物论进行社会主义建设,这一切都是基于对马克思思想的深刻理解,并且准确地将其和社会实际相联系,使之能够在无产阶级政权建设中焕发出新的生命力。列宁进一步丰富和发展了马克思自然观,使其在新的历史条件下展现出新的活力和深远的影响力。

列宁对马克思"新唯物主义观"的认识。列宁的唯物主义思想根源在于马克思的"新唯物主义"理论。马克思通过对传统旧唯物主义理论的批判,揭示出人类社会的运行规律,进而引申出人与自然相互依存、共荣共生的紧密关系。马克思的这些观点也为列宁生态思想提供了丰富的养料,可以说是列宁思想的理论渊源,为后来列宁形成自己的生态观奠定了坚实的理论基础。马克思的思想为列宁提供了坚实的哲学支撑，使他能够在新的历史条件下进一步发展和丰富唯物主义自然观。

列宁认为，马克思在著作中对旧唯物主义进行了深入的批判，列宁本人也提出了新的观点。他最具有代表性的观点便是对人类社会及人类社会运行规律的深刻剖析，这一观点也是马克思新唯物主义的核心观点。当然，新唯物主义观点也是在前人理论的基础上不断进行革命性的创新而得出的。首先，列宁认为，马克思的新唯物主义正是在18世纪科学和唯物主义不断发展壮大的历史背景下诞生的，吸收了前人的成果并进行了创新和发展。如果将新唯物主义与旧唯物主义割裂去看，很难辨析出新唯物主义的先进之处；如果只把"新"字当作区分新旧唯物主义的标志，那显然是狭隘的理解。马克思的新唯物主义不仅继承了传统唯物主义的精髓，还在历史和社会、人与自然的维度上进行了深刻的创新，使其更具全面性和科学性。这种"新"是历史性的突破和革命性的认知，是真正和人民群众紧密相连的理论，是能够真正指导实践的理论。列宁认识到，尽管唯物主义的观点很多学者都曾提到过，但很多都没有将历史发展的规律揭示出来，只是从作者自身所处的当下来阐述、分析唯物主义，始终无法脱离资产阶级的观点和立场。但马克思的新唯物主义却是实实在在指导无产阶级斗争的思想武器，这也是马克思新唯物主义理论的价值所在。

列宁高度认可马克思恩格斯新唯物主义的观点，认为人只有在正确认识社会发展规律的前提下，才能够正确指导实践，而实践又是进一步提高认识的必要途径，所以人的生存发展不能脱离客观现实，认识论也不能脱离社会实际和人类活动而空谈。他首先批判了一些误解甚至扭曲马克思新唯物主义观点的思想。列宁认为，费尔巴哈提出的唯物主义观点脱离了社会现实及历史实际，脱离了社会发展的客观规律来看待现实，费尔巴哈以此去讨论人的思想和行动是否符合客观实际是不具有讨论基础和条件的，并不是真正意义上的唯物主义。列宁认为普列汉诺夫对唯物主义观点的理解是片面的,甚至是模糊的,普列汉诺夫赞成费尔巴哈认为直觉经验和唯物主义,内心感受和客观实际不是对立关系的观点,并没有意识到人类社会发展是与历史规律息息相关的,是与自然条件紧密相连的。普列汉诺夫还停留在如何认识自然方面,而未能深入人的实践活动对自然的影响层面。阿芬那留斯在他的《考察》一书中提出了"唯物主义的经验"概念,试图将经验批判主义和唯物主义结合起来,形成一种新的唯物主义认识,即将经验看作认识的手段。[1] 阿芬那留斯认为,人对客观世界的认识基于人脑的活动及产生的经验和感受,人脑是客观存在的,所以人脑产生的意识可以正确地看待客观自然界。虽然阿芬那留斯觉得他提出的理论是唯物主义的,但实际上还是犯了经验主义的错误——他认为人的经验和感受是可以正确评判客观世界的,而忽视了自然的作用。列宁批判了阿芬那留斯的观点,他认为,"经验"既可以是唯物的,也可以是唯心的。[2] 但哪些是唯物的,哪些是唯心的,需要通过实际行动去判别,要与自然相联系、与社会相联系,进而去判断。真正的唯物主义必须将人的实践活动作为研究自然的基础,而不仅仅是将人的经验作为认识自然的工具。列宁强调,只有在实践中检验和验证的认识才是可靠的,这是马克思唯物主义的灵魂和精髓。

列宁明确指出,否认马克思主义,就是否认自然的客观存在,这样的认识论是毫无意义的。列宁进一步指出,马克思和恩格斯关于自然客观存在性的观点,打破了旧唯物主义中机械的自然观。[3] 通过唯物主义才可以更好地理解人类改造自然的活动。列宁认为,广大人民群众要真正

---

[1]《列宁全集》(第18卷),中共中央编译局编译,北京:人民出版社,1988年,第139页。
[2]《列宁全集》(第18卷),中共中央编译局编译,第153页。
[3]《列宁全集》(第18卷),中共中央编译局编译,第155页。

运用新唯物主义的认识论,指导在自然界中的实践活动。① 只有通过实际的物质生产活动,人们才能真正理解自然的客观存在性和规律,从而更好地改造自然,推动社会的进步和发展。

列宁对自然辩证法的应用。列宁在对生态问题的分析上,不仅理解并成熟运用了新唯物主义理论,还对自然辩证法进行了深入的研究,最终将其运用到解决生态问题上。列宁首先对黑格尔的辩证法展开了研究,进而研究马克思和恩格斯的辩证法,此后辩证法也成了他理解自然、分析生态的重要工具。这一过程不仅提升了他对自然和生态问题的理解,还为他的生态自然观提供了坚实的理论基础。

列宁指出,辩证法并不能完全代表马克思和恩格斯对社会学的认识。② 列宁应用马克思恩格斯历史唯物主义的观点来看待社会发展、历史发展和人与自然的关系问题,而辩证法是历史唯物主义的研究手段和方法。马克思和恩格斯的历史唯物主义要求从现实的社会实践出发,而不是从抽象的哲学概念出发,来理解社会的发展和变化与解释生态问题。这种方法论上的差异,使得马克思和恩格斯的历史唯物主义能够更准确地揭示社会的内在规律。列宁曾在1913年的著作中指出,马克思和恩格斯的辩证法正在重塑整个哲学世界的方法论,人类社会发展、自然生态问题抑或社会制度变革都可以用辩证法来解释,现实世界的客观问题都可以运用辩证法的视角来看待。所以,在列宁看来,除了历史唯物主义,辩证法也是马克思和恩格斯的主要理论之一,也是列宁本人应用其解决自然生态问题的重要法宝。

列宁在研究辩证法的最初,对黑格尔辩证法较为热衷。马克思曾提

---

① 《列宁全集》(第18卷),中共中央编译局编译,第177页。
② 《列宁全集》(第24卷),中共中央编译局编译,北京:人民出版社,1990年,第276页。

到:"我写的第一部著作是对黑格尔法哲学的批判性研究。"①列宁也指出,辩证法三段论应该被视为一种工具,但这并不意味着马克思的所有论述都要建立在这一基础上。"马克思从未打算用黑格尔的三段式来'证明'任何事物。"②马克思之所以研究辩证法,是因为辩证法在解释世界时与客观现实、自然条件相联系,只有在符合自然条件的情况下,某种理论或者做法才是行之有效的。辩证法可以用来了解自然、解释自然,这恰恰也是马克思研究的初衷。但那些认为马克思辩证法借鉴了黑格尔辩证法相关内容和思想的观点其实是错误的。列宁指出,黑格尔的辩证法并没有与人类社会紧密联系,而是从哲学角度空洞地研究所谓的"绝对辩证的性质"。③ 这段话其实也表达了列宁对黑格尔辩证法的不认同和对马克思观点的支持,他认为只有摆脱黑格尔辩证法的局限性,才能真正理解唯物主义,理解辩证法。

1913年前后,列宁又开始对辩证法进行深入研究。对黑格尔辩证法进行深入研究,令列宁更加意识到马克思恩格斯辩证法的科学性和宝贵价值。列宁在评价马克思的信件时指出,"辩证法=折中主义"是一种不负责任的观点。他认为,用辩证法进行模棱两可的解释,无法真正理解事件的发展和变化。④ 此外,列宁对黑格尔辩证法的态度,也不是全然否定的。黑格尔认为,从生成到灭亡,自然界中的一切事物都在不断的变化和发展中,这种观点对于探究自然现象和规律是非常有效的。列宁还指出,黑格尔的认识论具有重要的借鉴意义,特别是"从无知到知的转化"这一观点。最后,列宁认为,马克思运用黑格尔辩证法的表述比其他对自然和

---

① 《马克思恩格斯文集》(第2卷),中共中央编译局编译,第591页。
② 《列宁选集》(第1卷),中共中央编译局编译,北京:人民出版社,1995年,第30页。
③ 《列宁选集》(第1卷),中共中央编译局编译,第34页。
④ 《列宁全集》(第55卷),中共中央编译局编译,北京:人民出版社,1990年,第29页。

社会的描述更为全面和严谨,对现象的认识内容也更为丰富。①尽管黑格尔哲学在探究自然规律方面有可借鉴之处,但总体而言,黑格尔哲学中对辩证法的理解存在偏误,这又进一步加深了列宁对马克思恩格斯辩证法的理解,认为马克思恩格斯辩证法可以用来较好地解决自然问题。

到1914年,列宁在《又一次消灭社会主义》中指出,马克思通过吸收辩证法对现实事物的正确理解,展示了马克思主义思想的深刻性和力量。②实际上,正是运用辩证法解释社会发展规律和自然问题,才使辩证法得以生生不息的发展,不断焕发新的生命力。列宁认为,在这种背景下,马克思主义哲学成了欧洲哲学的最高成就。列宁认为,马克思和恩格斯的唯物主义辩证法是在黑格尔思想的基础上形成的。③列宁上述对辩证法的研究,显示了他想用辩证法来解决现实问题的迫切意愿,也只有在进行多方比较研究之后,才会更加清楚地认识到马克思恩格斯唯物主义辩证法的宝贵之处,是解决自然问题的根本方法。

列宁唯物主义自然观的成熟。列宁自然观的形成也是一个循序渐进的过程。首先,他认为马克思恩格斯"新唯物主义"是看待世界与自然的正确世界观,认为辩证法是解决自然问题的方法论。其次,面对当时欧洲对马克思恩格斯唯物主义及辩证法的不解甚至是批评,列宁捍卫了马克思恩格斯自然观。最后,列宁在多方研究和思考中,最终建立了他自己的物质观和自然观。

列宁对马克思恩格斯唯物主义物质观和自然观是高度认同并且支持的。早在列宁之前,恩格斯就指出,哲学的基本问题是区分存在与意识的

---

① 《列宁全集》(第25卷),中共中央编译局编译,北京:人民出版社,1988年,第51页。
② 《列宁全集》(第26卷),中共中央编译局编译,北京:人民出版社,1990年,第57页。
③ 《列宁全集》(第26卷),中共中央编译局编译,第57页。

关系。1908年前后,马赫主义学者纷纷提出"马克思主义哲学不是辩证唯物主义"的观点。在这一背景下,列宁强调,恩格斯在《反杜林论》中提出的"没有运动的物质是无法想象的"论断已被广泛认同。①

列宁认为世界的本源是物质而非意识,物质是第一性的,他清晰地从物质第一性的角度去看待世界,去辨析自然问题和生态问题,并且在此过程中和一些持有非物质观的学者,或在物质观方面态度模棱两可的学者展开了辩论。列宁认为,对象和感觉之间的联系都可以理解为人的主体反映,即从人的角度解读为"人的本体论"范畴。② 马赫和阿芬那留斯并不认同列宁的观点。马赫认为,外部世界真正的要素并不是物质,而是与我们的感觉相关的东西。他说:"因此,说世界仅仅由我们的感觉构成,这是正确的。""物质一旦被逐出自然界,就会带走很多怀疑论和宗教的看法。"③列宁认为二人不约而同地陷入了唯心主义世界观。马赫以自我认知为出发点,忽视了外界的变化,忽视了客观规律,更加忽视了自然的力量,认为人的认知可以解释自然界的一切发展和变化,外部世界的意义被马赫大意地削弱了。阿芬那留斯则更加侧重于对于"实体"的解释,他认为,人的感觉可以独立于自然界存在;感觉是第一性的,通过物质条件而在一种"实体"中形成;感觉是具有流动性的,它可以影响"实体",并且传导给"实体"。马赫的目标是为主观唯心主义进行辩护,列宁坚决反对马赫主义者对物质观的论断,认为将物质观归结为"自我的行为"是对唯物主义基本原则的扭曲,最终将导向唯心主义。④

列宁不仅批判了唯心主义自然观存在的误区,同时旗帜鲜明地阐明了自己唯物主义自然观的观点。首先,列宁指出,唯物主义者承认在认识

---

① 《列宁全集》(第18卷),中共中央编译局编译,第2页。
② 《列宁全集》(第18卷),中共中央编译局编译,第37页。
③ 《列宁全集》(第18卷),中共中央编译局编译,第19页。
④ 《列宁全集》(第18卷),中共中央编译局编译,第14页。

之外的物质存在,因为人的局限性使得我们无法完全掌握大自然的全部。他反驳了马赫主义者认为唯物主义者不承认"经验之外"物质的论断。① 列宁强调了物质的第一性,物质的存在并不依赖于感觉,自然界的发展变化更加不依赖于感觉,认为感觉是认识的途径的观点是不正确的。列宁认为,物质的存在不是通过感觉认识到的,而是独立于人的感觉之外的。② 某些学者因为研究物质而陷入唯心主义世界观,用感觉去评判认识、评价自然界本身就是不客观的。进而列宁阐述了"物质"与"实体"二者的概念,他认为"物质"作为"实体"概念是唯物主义者的共识,任何企图将"物质"非实体化的做法都可以被视为"宗教的荒谬学说"。列宁指出,如果物质不是客观实在,那么自然界的物质与人类思想中的观念将没有区别,人们在自然世界中的对象将不复存在。

列宁在唯物主义的基础上,进一步阐述了自己的唯物主义自然观以及对人与自然的认识。列宁在《唯物主义和经验批判主义》中写道,物质是按照自然规律运动的。③ 列宁指出,物质不是由人的主观创造的,而是在大自然中按照自然规律运作的。④ 列宁强调,任何事物都处于不断的发展和变化中,包括自然界以及人与自然的关系,运动即物质的普遍性。此外,物质的发展和变化是客观存在的,不依赖于感觉而存在,也不依赖于人的经验而存在。自然界的发展和变化有其内在的客观规律,人类的活动能够影响自然界,但无法改变其内在运行规律。总而言之,物质是第一性的。列宁指出,唯物主义认为物质真正反映了大自然的客观规律,这是马克思唯物主义物质观的核心思想。⑤ 只有真正地理解了唯物主义世

---

① 《列宁全集》(第18卷),中共中央编译局编译,第14页。
② 《列宁全集》(第18卷),中共中央编译局编译,第43页。
③ 《列宁全集》(第18卷),中共中央编译局编译,第49页。
④ 《列宁全集》(第18卷),中共中央编译局编译,第37页。
⑤ 《列宁全集》(第18卷),中共中央编译局编译,第19页。

界观才能进一步理解自然、理解生态。列宁将对物质的理解放在了自然界的大背景下,放在了整个人类社会发展规律的视角下进行研究。研究自然观就是在研究物质观,解决自然问题和生态问题有赖于运用唯物主义物质观去剖析问题,所以列宁在马克思唯物主义、辩证法及物质观的基础上,不断进行研究,最终形成了自己较为成熟的物质观,用来指导俄国社会实践。通过这一理论,列宁为马克思主义哲学的发展和应用奠定了坚实的基础,为人民群众提供了认识和改造世界的有力工具。

第二节 布哈林等对马克思恩格斯生态思想的继承与发展

布哈林的生态思想实际上是对马克思恩格斯思想的传承与发展,是对人与自然辩证统一的关系的进一步阐释,明确揭示了人与自然共生共荣的相互依存关系。布哈林认为人类社会与自然之间存在着一种动态平衡的关系,他指出,这种平衡不仅体现在自然界的内部结构和人类社会的内部秩序中(内部平衡),也体现在自然与社会的交互作用中(外部平衡),并且强调"内部平衡实际上受制于外部平衡,是外部平衡状态的一种反映"[1]。布哈林的平衡论思想,始终围绕自然与社会的辩证关系展开,贯穿了辩证法的哲学思考,蕴含着丰富的生态智慧,为理解人与自然的和谐共生提供了深刻的哲学视角。

布哈林的生态思想深刻揭示了人与自然之间的动态平衡关系,强调了自然与社会的辩证统一。在此基础上,苏联学者弗罗洛夫在《人的前

---

[1] [苏]尼·布哈林:《历史唯物主义理论》,李光谟等译,北京:东方出版社,1988年,第113页。

景》一书中,进一步深化了对生态危机根源的剖析。弗罗洛夫的观点与布哈林的平衡论思想相呼应,都强调了社会制度对人与自然关系的深远影响。布哈林从哲学层面探讨了自然与社会的辩证关系,而弗罗洛夫则从社会制度和经济模式的角度,揭示了生态危机的深层次原因。两者的理论互为补充,共同丰富了马克思主义生态思想,为实现自然与社会的和谐共存提供了更为全面的理论指导。

在《人的前景》这部著作中,弗罗洛夫对生态危机的剖析独树一帜。他坚定地认为,生态危机的根源深植于社会结构之中,而非单纯的技术局限或失误。与部分西方学者将生态问题归咎于科技并寄希望于技术解决方案的观点形成鲜明对比的是,弗罗洛夫直指资本主义体制是生态危机背后的真正推手。[①] 他批评道,技术统治主义的思维框架无法触及问题的核心,因为即便调整或优化技术手段,也无法根除生态危机,这是一种目光短浅的处理方式。相反,弗罗洛夫主张,生态挑战需要通过深刻的社会转型来应对,这包括经济体系、生产模式、社会文化乃至价值观念的全面革新。在马克思主义视角下,唯有彻底改变生产资料的私有制,消除阶级对立,进行全方位的社会重构,才能从根本上解决生态危机。他进一步解释道,生态矛盾的激化是资本主义制度下科技革命的副产品,是体制内生的冲突。因此,要实现自然与社会的和谐共存,就必须超越资本主义生产方式,依托科技进步来理性开发自然资源,同时在价值观、社会文化和经济活动等多层面推进可持续发展。这不仅是对马克思主义生态立场的坚定维护,还是对其生态思想的创造性拓展,展现了一条建设生态文明的全新路径。

20世纪,苏联在追求工业化高速发展的过程中,对重工业的过度偏

---

① [苏] H. T. 弗罗洛夫:《人的前景》,王思斌、潘信之译,北京:中国社会科学出版社,1989年,第155页。

重和对自然资源的无节制开采,加之环保意识的匮乏和保护措施的缺失,导致了一系列严峻的生态后果。贝加尔湖、咸海、里海等水域遭受污染,水量锐减;中亚地区的土地面临沙漠化的威胁;顿巴斯煤炭产区则成为环境污染的重灾区。这些局部生态灾难,结合全球范围内的环境恶化趋势,激发了苏联学术界的深刻反思。众多学者对此进行了深入剖析。他们不仅揭示了生态退化的现状,还从政治体制、经济发展、科技创新以及社会价值观等多个维度,探讨了解决生态问题的综合性策略。这些学者的贡献,为苏联乃至全球寻求可持续发展道路提供了宝贵的理论资源和实践指南,彰显了跨学科研究在应对环境挑战中的重要价值。

综览苏俄及苏联对马克思与恩格斯生态思想的传承与创新历程,尽管其间不乏概念界定的含糊和理论框架的宽泛等瑕疵,加之因政治因素一度遭遇发展的停滞,苏俄及苏联学者们依然坚定地将人与自然的互动视为破解生态难题的理论基石。他们秉持唯物史观与辩证法,将马克思恩格斯生态理论与当时现实生态问题相结合,尝试指出解决办法。苏俄及苏联的马克思主义生态学者同样认为造成生态问题的根本原因是资本主义制度,与西方生态学者展开对话,展现出主动拓展马克思主义理论边界的自觉性。[1] 他们的工作不仅丰富了理论宝库,还为在社会主义制度框架内探索环境治理之道开辟了新路径,提供了诸多富有启发性的见解。这一系列努力,不仅深化了人们对生态问题的理解,还为寻求可持续发展方案贡献了独特的视角和策略。

---

[1] 杜秀娟:《马克思主义生态哲学思想历史发展研究》,北京:北京师范大学出版社,2011年,第83—84页。

第七章 我国对马克思主义生态思想的继承与创新

- 第一节 社会主义改造和社会主义建设中的初步探索
- 第二节 改革开放中体系化和制度化的进一步探索
- 第三节 中国特色社会主义新时代的崭新境界

中国的领导人经过多年的摸索，不断尝试解决生态问题，推动了马克思主义生态思想在我国的发展。总的来说，中国领导人在生态哲学方面的思想逐渐从节约资源到环境保护再到生态文明建设演变，并将其与经济和社会发展相结合，不断加强生态保护，推进绿色、和谐和可持续发展，这些都是马克思主义生态思想在中国的继承与创新。

客观上，中华人民共和国成立后，中国经济快速发展，进入工业现代化发展阶段，生态问题也变得尤为明显；主观上，党和国家领导人越来越意识到生态问题的重要性，尤其是改革开放以来，中国共产党坚定地以马克思主义为指引，结合我国发展状况，形成了适合我国社会主义发展阶段的生态文明建设方法与路径。

第一节　社会主义改造和社会主义建设中的初步探索

我国在中华人民共和国成立之前就开始面临着生态环境的问题，尤其是在饱受战争的革命年代，生态环境明显恶化，影响人民的生存质量。当时的生态问题也受到了党中央的重视，并且党中央对此做出了一系列有益的探索与实践。但在这一时期，虽然意识到生态环境出现了问题，但当时国内对于生态理论知识和实践经验还处于初级阶段，并没有形成关于生态问题的理论体系与架构，还缺少相应的解决问题的体制机制。

中华人民共和国成立前的中国，因长期战争与社会动荡，遭遇了森林砍伐、水土流失、土地退化、水资源污染与短缺、生物多样性丧失、城市环境恶化、生态平衡破坏及能源过度消耗等问题，这些生态危机严重影响了自然环境和社会的可持续发展。

毛泽东曾提出:"必须注意尽一切努力最大限度地保存一切可用的生产资料和生活资料,采取办法坚决地反对任何人对于生产资料和生活资料的破坏和浪费。"①毛泽东还说过:"在生产和基本建设方面,必须节约原材料,适当降低成本和造价,厉行节约。"②也就是说,"在保证质量的条件下,大力节约原料、材料、燃料和动力"③。对于人与自然的关系,毛泽东认为,对于自然资源既要珍惜又要节约,除此之外,还需对自然资源进行综合利用,"综合利用,大有文章可做","综合利用很重要,要注意"④。综合利用"和打麻将一样,上家的废物,就是下家的原料"⑤!"绿化祖国"是毛泽东在 1956 年 3 月提出的,指的是"在一切可能的地方,均要按规格种起树来";做好全国森林规划,"真正绿化,要在飞机上看见一片绿";"用二百年绿化了,就是马克思主义"。⑥ 1958 年 8 月,毛泽东指出:"要使我们祖国的河山全部绿化起来,要达到园林化,到处都很美丽,自然面貌要改变过来。"⑦毛泽东也指出了农业、林业、畜牧业之间的关系:应互相依赖,平衡传递发展,不存在先后发展的问题。毛泽东的上述观点已经非常接近当今生态经济理论的主流观点。⑧

---

① 《毛泽东选集》(第 4 卷),中共中央文献研究室编,北京:人民出版社,1991 年,第 1316 页。
② 《毛泽东文集》(第 7 卷),中共中央文献研究室编,北京:人民出版社,1999 年,第 160 页。
③④ 张晓燕:《毛泽东的生态思想及其当代价值》,《社会科学动态》2024 年第 7 期。
⑤ 《毛泽东思想年编:1921—1975》,中共中央文献研究室编,北京:中央文献出版社,2011 年,第 132 页。
⑥ 《毛泽东论林业》,中共中央文献研究室、国家林业局编,北京:中央文献出版社,2003 年,第 26 页、第 48 页、第 74 页。
⑦ 《毛泽东思想年编:1921—1975》,中共中央文献研究室编,第 139 页。
⑧ 黄翠新:《马克思对象化思想的自由意蕴及其生态价值》,《南京林业大学学报(人文社会科学版)》2016 年第 4 期。

第二节 改革开放中体系化和制度化的进一步探索

改革开放以后,经济迅速发展,我国的国情发生了很大的变化,各项事业有条不紊地开展起来。第二代党和国家领导人吸取从前的建设经验,结合改革开放国情,将环境保护的相关政策上升到了立法层面,将环境保护问题上升到了政治高度,并将保护环境定为基本国策,初步形成了一系列生态文明建设的思想和理念,进入了中国马克思主义生态思想的形成阶段。

邓小平的生态思想是对毛泽东生态思想的继承和发展。他根据当时中国实际,指出了我国生态现状与问题。邓小平继续强调毛泽东提出的"综合利用,化废为宝"的思想,将其融入改革开放的新时代背景中。1981年党中央制定的《关于在国民经济调整时期加强环境保护工作的决定》中,要求必须"合理地开发和利用资源","保护环境是全国人民根本利益所在"。[①] 1982年,党的第二代领导集体提出,注意人口增长对于生态环境的影响,以及资源的开发、利用对于生态环境建设的意义。邓小平生态文明思想主要包括七个方面:其一,倡导"植树造林,绿化祖国"。邓小平提倡植树造林,希望每人种植一棵树,政府带头种树,恢复森林面积和植被数量。其二,倡导保护耕地,反对盲目垦荒和过量砍伐。邓小平曾建议,有些地方可以"只搞间伐,不搞皆伐"[②]。其三,做好自然风景区的环境治理,减少污染。在邓小平的大力关注下,我国风景区的环境污染问题得到了很大的改善,吸引了无数中外游客。[③] 其四,注重经济增长与生

[①] 《新时代环境保护重要文件选编》,环境保护部办公厅编,北京:中国环境科学出版社,2015年,第33页。

[②] 中共中央文献研究室、国家林业局编:《新时期党和国家领导人论林业与生态建设》,北京:中央文献出版社,2001年,第2页。

[③] 曹牧:《改革开放四十年的全民义务植树工作及创新》,《环境与可持续发展》2019年第4期。

态治理之间的关系,走绿色发展之路。其五,合理调配自然资源,节约高效使用资源。我国是一个人口高速增长的国家,面临着资源紧缺、环境污染的危机,所以邓小平指出要走高质量发展路线,提高生产效率与效能,而不是利用大量自然资源,过分追求产量。"一定要首先抓好管理和质量,讲求经济效益和总的社会效益,这样的速度才过得硬!""扎扎实实,讲求效益,稳步协调地发展!"①其六,运用法律的手段保护生态环境,建设生态文明。邓小平强调加强立法。1984年第六届全国人民代表大会常务委员会通过了《森林法》,1989年,《环境保护法》明确提出了要以国家法律的形式确定中国特色的环境保护制度,②这些法律的颁布具有重大意义,标志着我们的环境保护开始进入立法管理阶段。其七,大力促进科技进步,发挥科技赋能生态作用。邓小平指出:"解决农村能源,保护生态环境等等,都要靠科学。""将来农业问题的出路,最终要由生物工程来解决,要靠尖端技术,对科学技术的重要性要充分认识。"③

进入20世纪90年代,生态问题成为全球关注的共性问题,受到了世界各国的广泛关注。经济发展越快,生态问题越来越明显,所以解决这些问题迫在眉睫。以江泽民为核心的第三代领导集体开始总结中华人民共和国成立后的生态建设问题,也开始审视西方资本主义社会在工业化进程中存在的问题,吸取相关经验,将可持续发展作为解决生态问题的重要出路,建立了"严格执行土地、水、森林、矿产、海洋等资源管理和保护的法律"④,健全了生态政治法律,丰富了我国生态建设理论体系。也是从这个时期开始,我国生态文明建设开始走出一条体系化、制度化、有序化的发展道

---

① 《邓小平文选》(第3卷),中共中央文献研究室编,北京:人民出版社,1993年,第375页。
② 《新时代环境保护重要文件选编》,环境保护部办公厅编,第43—44页。
③ 《邓小平文选》(第3卷),中共中央文献研究室编,第274—275页。
④ 胡洪彬:《继承与创新:三十年来党的生态环境建设思想发展的历史轨迹》,《中共青岛市委党校(青岛行政学院学报)》2009年第1期。

路,并且上升到政治的高度,进入中国马克思主义生态思想的深化发展阶段。①

江泽民继续深化发展邓小平生态思想,明确提出实施可持续发展战略,将环境保护与经济发展并重,强调在现代化建设中必须把贯彻实施可持续发展战略作为一项重大任务来抓。② 这意味着在追求经济增长的同时,更加注重资源的合理利用和生态环境的保护。在我国十一亿人民的温饱问题已基本解决、迈入小康社会的阶段,农业生产和工业生产都在不断地扩大规模,人口迅速增长。面对人口与环境之间的矛盾,江泽民提出要实现经济增长与人口增长的协调发展等可持续发展思想,主要内容有三点:其一,树立全民环保意识。江泽民提出:"树立全民环保意识,搞好生态保护和建设。""我们要坚持不懈地增强全党全民族的环境意识,实施可持续发展战略,加强对环境污染的治理,植树种草,搞好水土保持,防止荒漠化,改善生态环境,努力为中华民族的发展创造一个美好的环境。"③其二,建设生态文明就是对生产力的有力保护。在1996年召开的第四次全国环境保护会议上,江泽民第一次明确地提出了"保护环境的实质就是保护生产力"④的科学论断。这一论证用最简练的语言,科学精准地总结了经济发展与生态建设之间的辩证关系,将生态建设、环境保护提到了新的高度,"使经济速度与资源、环境相协调,实现良性循环"⑤。从上述这

---

① 左雪松:《新中国七十年来中国共产党生态思想历史演进的回顾和启示》,《中南大学学报(社会科学版)》2019年第6期。
② 何娟:《社会主义生态文明视域下的绿色生活方式》,《哈尔滨工业大学学报(社会科学版)》2019年第4期。
③《江泽民文选》(第2卷),中共中央文献研究室编,北京:人民出版社,2006年,第295—296页。
④《江泽民文选》(第1卷),中共中央文献研究室编,北京:人民出版社,2006年,第534页。
⑤《江泽民文选》(第1卷),中共中央文献研究室编,第463页。

段话中不难看出江泽民对环境保护的重视,以及呼吁全社会一同环保的积极作为。其三,提出可持续发展战略。1995年,可持续发展战略思想正式提出,《中共中央关于制定国民经济和社会发展"九五"计划和2010年远景目标的建议》提出"必须把社会全面发展放在重要战略地位,实现经济社会相互协调和可持续发展"。① 江泽民在会上发表《正确处理社会主义现代化建设中的若干重大关系》讲话,强调"在现代化建设中,必须把实现可持续发展作为一个重大战略"②。

党的十六大以来,工业化程度日新月异,城镇化水平加速推进,虽然经济发展水平常年稳定在高位,但是生态问题、环境问题层出不穷。以胡锦涛为代表的中央领导集体提出了循环经济的概念,倡导科学发展观、和谐社会、"两型"社会(资源节约型和环境友好型社会)、生态文明战略等先进理念,代表着中国生态政治思想和体系迈入成熟阶段。③

从江泽民"三个代表"到胡锦涛"科学发展观",体现了可持续发展理念的一脉相承。两位领导人皆大力推动中国环境保护法律体系的建立和完善,同时大力推动了绿色经济的实际应用和发展。2003年后,胡锦涛提出科学发展观。随着我国改革发展的深入,经济社会也发生着巨大变化,胡锦涛提出以经济发展为中心,政治、经济协调发展,继续坚定不移地走人与自然和谐发展的生态文明之路,生态建设思想走向成熟。主要内容包括:其一,加强生态文明教育,使生态文明思想在全社会普及。胡锦涛在十七大报告中提出了生态文明建设,这是对当代中国科学发展理念的实践性提升。在整个社会培养和烘托人与自然协调发展的意识,普及

---

① 《开好头　起好步》,《人民日报》1995年10月6日,第1版。
② 《开好头　起好步》,《人民日报》1995年10月6日,第1版。
③ 《胡锦涛文选》(第3卷),中共中央文献研究室编,北京:人民出版社,2016年,第612页。

践行生态文明的行为,使之成为一种道德准则和行为规范,加强生态育人。其二,全国人民均要在生产生活中牢固树立可持续发展生态观。胡锦涛指出:"统筹考虑当前发展和未来发展的需要,既积极实现当前发展的目标,又为未来的发展创造有利条件,积极发展循环经济,实现自然生态系统和社会经济系统的良性循环,为子孙后代留下充足的发展条件和发展空间。"[1]其三,增强全民族的环保意识,在全社会营造良好保护环境的风气。要在全社会营造爱护环境、保护环境、建设环境的氛围,在现代化建设中必须实施可持续发展战略。其四,将生态治理与环境保护纳入立法体系,规范管理。加强人口、资源、环境方面的法治宣传教育,普及有关法律知识,使企事业单位和广大群众自觉守法。这一时期我国不仅修订和颁布了《环境保护法》《大气污染防治法》《森林法》《海洋环境保护法》《水污染防治法》等多部法律,还在《刑法》中增加了"破坏环境和资源保护罪",进一步完善环境保护法律体系。其五,提出构建资源节约型、环境友好型社会的生态建设性对策。在党的十七大报告中,胡锦涛指出:"坚持节约资源和保护环境的基本国策,关系人民群众切身利益和中华民族生存发展,必须把建设资源节约型、环境友好型社会放在工业化、现代化发展战略的突出位置,落实到每个单位、每个家庭。"[2]资源节约型、环境友好型社会倡导人与自然和谐发展,同时要求人们在生产活动和消费活动中注重资源节约与能源的高效利用,发展绿色产业,将生态文明建设内化为自身的行为公约和切身责任,这是我国的一项重要国策,也是生态文明建设的使命与目标。

---

[1]《十六大以来重要文献选编》,中共中央文献研究室编,北京:中央文献出版社,2005年,第852页。
[2]《胡锦涛文选》(第2卷),中共中央文献研究室编,北京:人民出版社,2016年,第577页。

第三节　中国特色社会主义新时代的崭新境界

习近平生态文明思想、生态政治思想是在总结提炼中国共产党生态观的基础上与时俱进、开拓创新的。

当今世界不同国别和种族经济文化社会交流日益紧密，在"人类命运共同体"的大背景下，习近平指出："生态文明建设关乎人类未来，建设绿色家园是人类的共同梦想，保护生态环境、应对气候变化需要世界各国同舟共济、共同努力，任何一国都无法置身事外、独善其身"，强调"我们要解决好工业文明带来的矛盾，把人类活动限制在生态环境能够承受的限度内"，[①]指明"我国建设社会主义现代化具有许多重要特征，其中之一就是我国现代化是人与自然和谐共生的现代化，注重同步推进物质文明建设和生态文明建设"。[②]

在实践中创造形成的习近平"人与自然生命共同体"理念，将生态文明建设上升至全人类发展的高度，主张在人与自然的良性互动中实现人类自身与生态文明的共同发展，是人类在走向生态文明的过程中同时实现自身全面发展的理念指引。[③] 习近平以人与自然命运共同体的视角，以整体观去看待人与自然的关系，看待生态建设问题，是对马克思主义生态思想的继承与创新。以"人与自然和谐共生"为鲜明特征的习近平人与自然生命共同体理念，指明了新的文明发展形态，打破了现代化进程中的增长迷思，从文明观的维度开辟了马克思主义人与自然关

[①] 习近平：在《生物多样性公约》第十五次缔约方大会第二阶段高级别会议开幕式的致辞，新华网报道，http://www.xinhuanet.com/world/2022-12/16/c_1129211992.htm，访问日期：2024年11月22日。

[②] 习近平：《努力建设人与自然和谐共生的现代化》，《求是》2022年第11期。

[③] 《习近平关于社会主义生态文明建设论述摘编》，中共中央文献研究室编，北京：中央文献出版社，2017年，第14页。

系理论的新境界。① 习近平关于生态文明、生态政治重要论述的核心内涵如下：

第一，坚持"以人民为中心"的政治立场。以人民为中心是习近平治国理政的重要思想，对于生态政治的理念也是将以人民为中心作为基本政治立场，将人民生活质量的提高、幸福感的提升和生态权益作为基本出发点，将生态文明建设写入国家重要规划及发展蓝图，高度重视并努力践行可持续发展观。2022 年 10 月，习近平在党的二十大报告中明确提出，推动绿色发展，促进人与自然和谐共生，"必须牢固树立和践行绿水青山就是金山银山的理念，站在人与自然和谐共生的高度谋划发展"，还要"深入推进环境污染防治，持续深入打好蓝天、碧水、净土保卫战，基本消除重污染天气，基本消除城市黑臭水体，加强土壤污染源头防控，提升环境基础设施建设水平，推进城乡人居环境整治"。② 这一重要论述实际上说明了优美的生态环境在人民幸福生活中占据重要比重，占有基础性地位，明确了我国当前情况下生态文明建设的立足点。在 2023 年全国生态环境保护大会上，习近平强调，"要坚持以人民为中心，牢固树立和践行绿水青山就是金山银山的理念，把建设美丽中国摆在强国建设、民族复兴的突出位置，推动城乡人居环境明显改善、美丽中国建设取得显著成效，以高品质生态环境支撑高质量发展，加快推进人与自然和谐共生的现代化"，③ 再一次体现了党中央对于生态问题"以人民为中心"的政治立场。立足经济发展新形势，立足新时代新要求，以习近平同志为核心的党中央坚定"以人民为中心"的政治立场，从生态政治的高度指出了建设生态文明对

---

① 《习近平关于社会主义生态文明建设论述摘编》，中共中央文献研究室编，第 32 页。
② 《二十大以来重要文献选编》，中共中央党史和文献研究院编，北京：中央文献出版社，2024 年，第 13 页。
③ 习近平：《以美丽中国建设全面推进人与自然和谐共生的现代化》，《求是》2024 年第 1 期。

保障人民基本福祉的重要性,说明了中国共产党是极具使命感、责任心和担当的政党,解决人民急难愁盼的问题,想人民之所想,急人民之所急,这些都是习近平生态文明思想的重要来源和驱动力,是建设生态文明的核心和关键。① 同时,各级政府、各级单位都要从人民生活质量与社会发展的角度去审视生态问题、关注生态文明建设,主动作为、积极改进,以人民的利益与福祉作为开展工作的核心和目标,最终建设成效要让人民感同身受并且切身受益,同时接受人民的监督,使人民有权对生态文明的建设成果进行评价,建立监督反馈机制,可以更好地推动人民生活质量的提升,保障人民的整体社会利益。

第二,坚定实施生态环境保护制度。习近平关于生态文明建设的重要论述要求将生态文明建设制度化,也就是说需要以法律手段来规范生态文明的建设。从讲政治的高度将生态文明建设立法、执行、完善,代表了中国共产党的高度执行力。"要深化生态文明体制改革,把生态文明建设纳入制度化、法治化轨道。"②2022年10月,习近平在党的二十大报告中指出,要高度重视对生态环境综合治理能力的提升,"健全现代环境治理体系"。③ 在习近平此重要论述的基础上,党的二十届三中全会强调要深化生态文明体制改革,《党的二十届三中全会决定》从完善生态文明基础体制、健全生态环境治理体系、健全绿色低碳发展机制三个方面提出系列改革举措。④ 实施生态环境保护制度,也是在维护生态保护的基本国策,提供基本的制度保障,以提高人们对于生态问题的底线,明确不能触

---

① 《习近平谈治国理政》(第3卷),中央文献研究室编,北京:外文出版社,2014年,第374页。
② 熊玠:《习近平时代》,北京:中共中央党校出版社,2016年,第32页。
③ 《二十大以来重要文献选编》,中共中央党史和文献研究院编,第16页。
④ 生态环境部:《加快推进人与自然和谐共生的现代化》,中华人民共和国中央人民政府 https://www.gov.cn/zhengce/202408/content_6967645.htm,访问日期:2024年11月21日。

碰的事情，保持最低阈值不被打破，从而维护经济的可持续发展，减少环境污染，提高生态系统的安全性，严格立法，严格执行。① 正是因为严格，才体现出了党中央在建立美好家园，建设社会主义生态文明过程中的决心、魄力与毅力。

第三，以开放的生态，建立全球生态合作机制。在当前全球共同体的经济发展态势下，习近平高瞻远瞩，用全球一体化发展的视野和眼光去思考生态政治如何建设实施，站在全局视角去思考全球生态政治的发展，将所有人类的价值统一于命运共同体，用全球视野，从发展的眼光共同建设全球生态文明，用实际行动共同应对全球生态危机，以发展绿色生态为目标，推动构建全球生态文明整体向好，建设美丽家园，建设好、发展好、维护好人类共同的家园，用实际行动解决全球生态危机。党的十八大以来，以习近平同志为核心的党中央以人类命运共同体的视角，将国际政治与生态问题结合起来，以高远的战略定位，以海纳百川的政治胸襟亮出了全球生态治理的政治态度，呼吁全球重视生态问题，并合力解决生态问题，发出了"中国将继续承担应尽的国际义务，同世界各国深入开展生态文明领域的交流合作，推动成果分享，携手共建生态良好的地球美好家园"②的中国声音，展示出新时代政党的政治担当和解决生态问题的信心和决心。"坚持绿色低碳，建设一个清洁美丽的世界。"③2022年12月，习近平向《生物多样性公约》第十五次缔约方大会第二阶段高级别会议开幕式致辞时指出，人类是命运共同体，唯有团结合作，才能有效应对全球性挑战。"生态兴则文明兴。我们应该携手努力，共同推进人与自然和谐共

---

① 熊玠：《习近平时代》，北京：中共中央党校出版社，2016年，第32页。
② 习近平：《生态文明贵阳国际论坛2013年会开幕 习近平致贺信》，中华人民共和国中央人民政府，https://www.gov.cn/ldhd/2013-07/20/content_2451848.htm，访问日期：2024年11月21日。
③ 习近平：《论坚持人与自然和谐共生》，北京：中央文献出版社，2022年，第29页。

生,共建地球生命共同体,共建清洁美丽世界。"① 习近平曾多次指出,对待生态问题要树立大局观、整体观,用可持续发展的态度去解决生态问题,在国内和国际社会大力倡导建立绿色、低碳的生产方式和生活方式,推动全社会、全人类建立合作共赢的全球治理体系,促进并维护公平、公正的国际新秩序。② 习近平关于加强全球生态合作治理的思想与论述,不仅为我国生态文明建设、生态政治建设提出了思想遵循,还为全球建设绿色经济、可持续发展的模式贡献了可贵的思路、经验。③ 多年来,中国都在孜孜不倦地推动全球生态治理,引导世界生态政治向着良好的方向发展,充分体现了我国的担当精神与开拓奋发的魄力。

---

① 习近平:在《生物多样性公约》第十五次缔约方大会第二阶段高级别会议开幕式的致辞,新华网报道,http://www.xinhuanet.com/world/2022-12/16/c_1129211992.htm,访问日期:2024年11月22日。
② 《十九大以来重要文献选编》(上),中共中央党史和文献研究院编,北京:中央文献出版社,2019年,第17页。
③ 习近平:《论坚持人与自然和谐共生》,第9—14页。

第八章 中国现实的生态问题和马克思主义生态思想的指导意义

- 第一节 中国现实的生态问题
- 第二节 马克思主义生态思想的指导意义

第八章 | 中国现实的生态问题和马克思主义生态思想的指导意义

马克思主义生态思想首先是指马克思恩格斯生态思想,即经典马克思主义生态思想,然后包括其后的各种传承形态。前文追溯了马克思主义生态思想的理论渊源,从马克思和恩格斯对资本主义生产方式的批判,到苏俄和苏联对社会主义生态文明的构想,再到当代马克思主义生态学者对这一理论的拓展与深化。这些理论不仅揭示了资本主义生产模式对自然环境的破坏性影响,还提出了社会主义制度下实现人与自然和谐共生的路径。马克思主义生态思想的真谛须在具体的社会现实中得到检验与应用。本章将马克思主义生态思想的理论框架置于中国当代生态现实的广阔背景下,探究其在中国的适用性与独特意义。中国作为全球最大的发展中国家,正经历着快速的工业化、城市化进程,这一过程伴随着严峻的环境挑战。

马克思主义生态思想是解决中国生态问题的理论指引。在梳理并分析清楚马克思主义生态思想的理论渊源和历史演进后,我们就要明确在马克思主义生态哲学视角下的中国现实生态问题,再试图从中国各阶段的发展历程中找到解决问题的实践路径。本章旨在讨论中国现实的生态问题。在21世纪的全球视野下,中国作为世界第二大经济体,其发展历程无疑是一幅波澜壮阔的画卷,记录着从农业社会向工业社会、再向信息社会跨越的奇迹。然而,这一进程并非没有代价,它深刻映射了人与自然关系的复杂性,以及在追求经济繁荣的过程中,生态环境所面临的挑战。

近年来,"人类世"这一概念引起了广泛关注,人类活动对地球产生了深远影响。在人类文明的长河中,我们曾以征服者的姿态傲视自然,将地球视为取之不尽、用之不竭的资源库。然而,随着科技的进步和人口的膨胀,人类活动对地球的影响已达到了前所未有的规模,以至于地质学家和生态学家提出了一个全新的地质时代概念——"人类世"。这个概念不仅是地球历史的一个转折点,还是一面镜子,映射出人类与自然关系的深刻转变。在"人类世"的视角下,全球生态问题被放大至极限,挑战着人类社会的生存和发展。在这样的大背景下,不能孤立地站在单一国家的视角,还要结合全球大背景去讨论我国生态问题。

第一节　中国现实的生态问题

本节将从马克思主义生态思想的视角出发,深入探讨这些生态问题的根源、表现及影响,以期为中国乃至全球的可持续发展路径提供理论启示。本节重点从马克思主义生态思想的角度,深入探讨中国在生态建设中遇到的六大核心议题:经济增长与环境保护的失衡、社会代谢失衡导致的环境不公、劳动解放与生态问题的双重异化、生态问题对人的全面发展的影响、政治民主在环境治理中的局限性,以及正确生态伦理观的淡薄。通过分析这些问题,我们不仅希望揭示中国生态建设的现状和挑战,也试图寻找通往可持续发展之路的理论依据。

经济增长与环境保护之间存在不平衡。在马克思主义哲学的理论框架中,人与自然的关系是一个核心议题。人类作为自然界的一部分,既是自然的产物,又是自然的改造者。马克思在其著作中多次提及人与自然的关系,他强调了人类社会与自然环境之间的辩证统一。在《1844年经济学哲学手稿》中,马克思指出劳动是人与自然交互作用的基本形式,是人类生活的第一个前提,也是人的本质力量的对象化。马克思在《资本论》中分析了资本主义生产方式对自然的破坏。他提到,资本主义追求利润最大化的原则驱使资本家不断寻求新的资源和市场,这导致对自然资源的过度开发和利用。在中国,为了满足经济快速发展的需求,许多地区出现了无序开采、过度挖掘的现象,森林被大面积砍伐,矿产资源被过度挖掘,水资源被过度消耗。这种对自然的过度索取,不仅破坏了生态平

第八章 | 中国现实的生态问题和马克思主义生态思想的指导意义

衡,导致物种灭绝、生态系统崩溃,还使得自然资源日益枯竭,给未来的可持续发展带来了巨大隐患。

安德烈·高兹对资本主义社会的批判以及他提出的"去增长"和"脱钩"概念,为理解中国生态建设中遇到的经济高度增长带来的环境问题提供了深刻的视角。中国在过去的几十年里,经历了前所未有的经济高速增长,这在很大程度上基于工业化的快速推进和资源的大量消耗。然而,这种发展模式也带来了严重的环境问题,对生态系统构成了巨大威胁。中国经济的高度增长依赖于大量资源的开采和使用,这导致了自然资源的快速枯竭,如煤炭、石油、水资源等,同时引发了环境退化。工业生产和城市化进程产生了大量的废气、废水和固体废弃物,导致空气质量恶化,水体污染严重,土壤重金属含量超标,对生态系统和人类健康造成了严重影响。快速的城市扩张和土地开发破坏了自然景观,减少了绿色空间,影响了生物多样性,破坏了生态平衡。从安德烈·高兹的视角来看,中国需要重新思考经济增长与环境保护的关系,探索一条不同于传统工业化的绿色发展道路。这意味着要摆脱GDP(国内生产总值)至上的思维模式,转向更加注重生态平衡、社会福祉和长期可持续性的经济增长模式。

社会代谢失衡导致环境不公出现。在全球化与资本主义生产方式交织的当代社会,中国作为世界第二大经济体,其快速崛起伴随着前所未有的工业化与城市化浪潮。然而,这一进程并非没有代价,它深刻地映射了马克思及福斯特等马克思主义生态思想家所警示的生态危机。在《资本论》与《马克思的生态学:唯物主义与自然》等著作中,马克思与福斯特分别从不同角度剖析了社会代谢与环境不公的问题,揭示了无限增长逻辑与自然有限性之间的根本矛盾。[1] 这种矛盾在中国快速的工业化和城市

---

[1] [美]约翰·贝拉米·福斯特:《马克思的生态学:唯物主义与自然》,刘仁胜、肖峰译,北京:高等教育出版社,2006年,第175页。

化进程中尤为明显。在经济奇迹的背后，中国面临的是自然生态系统的压力增大、环境正义的缺失以及资源分配的不平等。环境不公表现在以下几个方面。

资本主义生产逻辑下的社会代谢失衡。资本主义的生产逻辑追求利润最大化和无限扩张，这种逻辑驱使企业不断增加生产量和消费，以维持资本的循环和积累。中国改革开放以来，经济高速增长的模式在很大程度上遵循了这一逻辑，推动了快速的工业化和城市化进程。然而，这种高速度、大规模的生产消费模式，使得社会代谢的速度和规模远远超出了自然界的自净能力范围和再生速度。马克思在其著作中指出，资本主义生产方式下的劳动异化和对自然的剥削是有内在联系的。他认为，人与自然之间的关系应该是和谐共生的，而资本主义的生产方式却将自然视为无限的资源库和废物处理场所，破坏了这种关系。在中国，这一理论解释了为什么在经济增长的推动下，会出现环境问题和生态危机。

城乡环境差异。从马克思及福斯特的生态哲学视角来看，中国城乡环境差异的问题可以被深刻理解为资本主义生产方式与自然环境之间关系的不平衡，以及社会代谢的不平等分配。马克思在其著作中多次强调了人与自然之间的辩证关系，而福斯特进一步发展了这一理论，将其应用于现代资本主义社会的生态危机分析中。在马克思看来，资本主义生产方式不仅改变了社会结构，还重塑了人与自然的关系。他在《资本论》中指出，资本主义追求利润的动机导致了对自然的过度开发和剥削。在中国快速的工业化和城市化进程中，这种模式导致了大量的工业活动集中于城市及其周边地区，在追求经济效率的同时，忽视了环境成本和生态平衡。福斯特在其著作《马克思的生态学：唯物主义和自然》中强调了"社会代谢"的概念，即社会与自然之间的物质和能量交换。他指出，资本主义体系下的社会代谢往往是非平衡的，导致环境不公。在中国，这种不平衡体现在城乡环境差异上。城市工业区的扩张和集中，虽然推动了经济增长,但也产生了大量污染物。与此同时,农村地区,尤其是边缘和欠发达地区,往往成为工业废弃物和污染物的接收地,承受着环境破坏的重负。这种现象加剧了城乡差距,同时暴露了环境正义的缺失,即低收入群体和农村居民不成比例地承受了环境恶化的后果。福斯特还讨论了环境正义的问题,即环境质量的不平等分配。在中国,环境正义问题表现在两个方面:一是环境质量的地域性差异,城市居民享受着相对清洁的环境,而农村居民和低收入群体生活在污染严重的环境中;二是环境决策的参与度不平等,低收入群体和农村居民在环境政策制定和执行过程中的话语权较小,其环境诉求往往得不到充分考虑。

区域环境差异。从马克思及福斯特的生态哲学视角来看,中国区域环境差异的问题揭示了资本主义生产方式下资源分配的不平等,以及社会代谢的不平衡状态。这一分析不仅涉及经济发展的地域性差异,还触及了环境正义的核心问题。马克思在《资本论》中探讨了资本主义生产方式如何导致资源和财富的集中,以及随之而来的社会不平等。在这一过程中,自然环境往往被视为可以无限开发的资源,其价值和功能在资本主义的逻辑中被忽视。中国东西部地区间的环境差异,从某种意义上说是这种情况在地理空间上的体现。福斯特的理论强调,资本主义体系中的社会代谢失衡导致了环境问题的地域性差异。在东部沿海地区,社会代谢的产物能够得到较好处理,而在西部内陆地区,这种代谢过程中的废物和负面影响未能得到有效管理和缓解。

劳动解放与生态问题的双重异化。在中国,劳动解放与生态问题的双重异化现象,可以从本·阿格尔的生态哲学视角进行深入分析。阿格尔强调,资本主义生产方式下的社会代谢失衡不仅体现在资源的不合理利用和环境破坏上,还体现在劳动者的异化上,即劳动者与其劳动过程、劳动成果以及自然环境之间的疏离。本·阿格尔在其著作《社会理论与自然》中,进一步探讨了社会理论如何理解和应对自然环境问题。中国快速的工业化和城市化进程在带来经济增长的同时，也导致了一系列劳动条件问题。在追求高效率和低成本的驱动下，许多行业的工作环境和条件变得恶劣。长时间的劳动、高强度的工作负荷、缺乏休息和安全保障，以及对职业健康的忽视，使得工人们处于一种超负荷的工作状态。这种现象在制造业、建筑业、采矿业等行业尤为突出，工人们常常在缺乏适当劳动保护措施的情况下工作，这不仅损害了他们的身体健康，还在一定程度上损害了他们应有的劳动尊严。

生态问题在一定程度上影响了人的全面发展。马克思在《德意志意识形态》中提出"人的全面发展"的概念，强调了人在社会生产和社会交往中实现自身潜能和才能的重要性。这一理念提出人与自然的和谐共存，认为人的发展不应以牺牲自然环境为代价。马克思认为，人是自然的一部分，人的生活和发展应当在与自然的和谐中进行，而不是对抗或征服自然。在《德意志意识形态》中，马克思写道："人靠自然界生活。"[1]这意味着，人类的生活质量、健康和幸福直接依赖于自然环境的健康。因此，人的全面发展不仅包括了个人能力的提升，知识和技能的增长，还包含了在健康、清洁的自然环境中生活的权利。

从马克思主义生态哲学的视角来看，中国在生态建设中遇到的人的发展与生态问题，实质上是经济发展模式与人的全面发展理念之间的冲突。在中国，快速的工业化和城市化进程在促进经济增长的同时，也带来了严重的环境问题，这与马克思的"人的全面发展"理念相悖。空气污染、水污染、土壤污染以及生物多样性的丧失，不仅影响了居民的身体健康，还降低了居民的生活质量，限制了人们在自然环境中的活动范围和能力，阻碍了人的全面发展。环境污染导致呼吸系统疾病、心血管疾病等健康

---

[1]《马克思恩格斯全集》(第3卷)，中共中央编译局编译，北京：人民出版社，2002年，第272页。

问题频发,影响了居民的身体健康,减少了人们的预期寿命,降低了人们的生活水平。水体和土壤污染限制了农业生产并威胁食品安全,影响了居民的饮食健康;空气污染降低了户外活动的质量,影响了人们的精神健康和社交活动。环境问题往往在社会经济地位较低的群体中更为严重,这加剧了社会不平等,与人的全面发展背道而驰,因为每个人都应该有平等的机会在健康的环境中成长和发展。马克思的生态哲学提醒我们,经济发展不能以牺牲环境和人的健康为代价。在中国的生态建设中,实现人的全面发展意味着要在保护环境的同时促进经济增长,确保每个人都有机会在健康、清洁的环境中生活,不受环境污染的威胁。

政治民主在环境治理中的作用仍然有限。奥康纳认为,政治民主是解决环境问题的关键。在他看来,只有当公众能够充分参与环境决策,当政治过程能够反映广泛的民众意愿,环境问题才有可能得到有效的解决。这是因为环境问题本质上是公共利益问题,需要集体行动和长远规划,而这正是民主政治的核心优势。在中国,环境治理确实受到了政治体制和权力结构的影响。尽管中国政府在环境立法和监管方面取得了一些进展,例如制定了《环境保护法》《大气污染防治法》等一系列法律法规,并建立了环境保护部等监管机构,但政治民主在环境治理中的作用仍然有限,具体表现在:公众在环境决策过程中的参与程度不高,环境影响评估、污染控制和资源管理等重要决策往往由政府部门主导,缺乏广泛的社会参与和监督。环境信息的公开和透明度有待提高,公众获取环境质量数据、企业排污记录等信息的渠道有限,这限制了公众对环境问题的了解和参与。公民的环境知情权、参与权和诉讼权等环境权利尚未得到充分保障,环境公益诉讼制度虽已建立,但在实际操作中仍面临诸多障碍。

正确的生态伦理观及与之相关的文化价值观逐渐淡薄。福斯特和安德烈·高兹在他们的著作中,都深入探讨了生态伦理对于实现可持续发展的重要性,强调了超越人类中心主义的必要性,提倡建立一种更加包容自然的道德观。在中国,这一话题尤具深度和复杂性,因为它触及了传统文化与现代价值观之间的张力。

福斯特在其著作《马克思的生态学:唯物主义和自然》中,探讨了马克思的思想中包含的生态维度,指出资本主义生产方式对自然的掠夺和破坏违背了生态伦理。福斯特认为,要实现生态正义,就必须超越狭隘的人类中心主义,认识到自然界的内在价值以及人类与自然的相互依存关系。他呼吁重建一种与自然和谐共生的伦理观,这种伦理观应当指导人类的生产和生活方式,以避免对生态系统造成破坏。安德烈·高兹在其著作《去增长》中,提出了"去增长"和"脱钩"的概念,倡导一种不同于消费主义和物质主义的生活方式。高兹认为,现代资本主义社会推崇的消费主义文化导致了对自然的过度开发和资源的浪费,这与生态伦理背道而驰。他主张,要实现可持续发展,就需要转变文化观念,重视非物质的价值,如人际关系、精神满足和个人成长,而非单纯追求物质财富的积累。

从福斯特和高兹的视角来看,中国生态建设中遇到的生态伦理与文化观念问题,实质上是现代价值观与传统生态智慧之间的冲突。在中国,传统文化中蕴含的"天人合一"理念,体现了人与自然和谐共生的生态智慧。然而,在现代化和全球化的进程中,这种生态伦理逐渐被消费主义和物质主义所取代。随着经济的快速发展,追求经济增长和生活水平提高成为主流价值观,导致人们对自然资源的掠夺式利用,使人们忽视了生态系统的内在价值和可持续性。随着市场经济的繁荣,消费主义文化在中国迅速蔓延,人们越来越重视物质财富的积累,而忽视了精神和生态价值。这种文化趋势促使了对自然资源的过度开发,以满足不断增长的消费需求。"天人合一"的理念在现代社会中逐渐淡化,被快速的工业化和城市化所侵蚀。传统文化中的生态智慧未能在现代化进程中得到充分继承和发扬,导致了人与自然关系的失衡。

中国现实的生态问题是一个复杂而紧迫的问题,需要我们从多个角度进行深入分析和思考。从马克思主义哲学的视角出发,我们可以更加深入地理解生态问题的本质和根源,为问题的解决提供科学的理论指导和实践路径。同时,我们需要认识到,解决生态问题不是一蹴而就的,需要全社会的共同努力和长期坚持。只有通过全社会的共同努力,才能实现人与自然的和谐共生,推动中国的可持续发展。

第二节　马克思主义生态思想的指导意义

随着工业文明的快速发展,全球生态危机日益严重,环境问题已成为人类共同面临的挑战。在这一背景下,中国作为世界上最大的发展中国家,其生态文明建设显得尤为重要。中国不仅需要在经济上保持稳健增长,还需要在环境保护、生态治理方面展现出大国担当,为全球生态文明建设贡献中国智慧和中国方案。

马克思主义生态思想以其深刻的理论内涵和前瞻性的实践指导,为我国生态文明建设提供了宝贵的理论支撑。它强调了人与自然之间的和谐共生关系,揭示了资本主义生产方式对生态环境的破坏,提出了通过社会制度变革实现生态可持续发展的思想。[1] 这些理论观点不仅为我们认识生态问题的本质和根源提供了科学指导,还为我们寻找解决之道指明了方向。

我国生态文明建设的目标是建设美丽中国,实现中华民族的永续发展。这一目标既体现了我们对美好生活的向往,也彰显了我们对生态环境保护的坚定决心。在这个过程中,马克思主义生态思想为我们提供了

---

[1] 周文琦、刘涵:《人与自然和谐共生的现代化:历史演进、现实挑战与未来指向》,《广西社会主义学院学报》2023年第4期。

重要的理论指导和实践指南。我们需要深入学习马克思主义生态思想，把握其精神实质，将其转化为推动我国生态文明建设的强大动力。

本节旨在深入探讨如何运用马克思主义生态思想指导我国生态文明建设实践，将从树立生态文明理念、推动绿色发展、加强生态系统保护、推动制度变革等方面入手，分析马克思主义生态思想在我国生态文明建设中的具体应用和实践路径。同时，结合我国生态文明建设的实际情况，探讨如何进一步发挥马克思主义生态思想的指导作用，推动我国生态文明建设不断取得新成效。

在马克思主义生态思想的指导下，我国生态文明建设一定能够取得更加显著的成效，为全球生态文明建设做出更大的贡献。之所以将马克思主义生态思想作为解决中国生态问题的指导原则，主要基于以下几个层面的考量：

我国所处的历史发展阶段可以借鉴马克思对资本主义生态危机的批判。马克思在《资本论》中对资本主义生产方式的批判，不仅触及了社会经济的运行机制，还深入探讨了这种机制对自然环境的影响。他指出，资本主义追求无限利润的本质，推动了对自然资源的过度开发和环境的破坏，这种模式将自然视为无限的资源库和废物处理场所，忽略了自然的有限性和生态系统的复杂性。这一理论在后世的马克思主义生态思想家中得到了进一步的延伸和深化，形成了对资本主义生态危机的深入批判。

马克思的理论认为，资本主义生产方式下的社会代谢即社会与自然之间的物质和能量交换是不平衡的，导致了自然环境的退化。在《资本论》中，马克思指出，资本主义的生产逻辑是建立在对自然的剥削和破坏之上的，这种逻辑追求的是资本的无限增值，而忽略了自然的内在价值和生态平衡。资本主义生产方式下，自然环境被视为可以任意开发和利用的对象，这种对自然的过度开发和利用，最终导致了生态系统的崩溃和环境危机的爆发。

第八章 | 中国现实的生态问题和马克思主义生态思想的指导意义

后世的马克思主义生态思想家如约翰·贝拉米·福斯特,在《马克思的生态学》一书中,对马克思的理论进行了深入的解读和拓展。福斯特提出了"社会代谢"的概念,强调了社会与自然之间的物质变换过程。福斯特认为,资本主义生产方式下的社会代谢失衡是造成生态危机的根本原因。他指出,资本主义的无限增长逻辑与自然界的有限性之间存在着不可调和的矛盾,这种矛盾在资本主义社会中表现为对自然资源的过度开发、环境污染和生态破坏。

中国在经历半殖民地半封建社会之后,进入社会主义建设时期,并在改革开放后加速了工业化进程。这一过程与资本主义国家类似,中国同样面临了市场经济驱动下的资源过度消耗和环境污染问题。因此,马克思对资本主义生态危机的批判,以及马克思主义生态思想家们对这一问题的拓展研究,能够为理解中国当前的生态问题提供理论依据,从而指导解决之道。中国可以借鉴这些理论,认识到经济发展与生态保护之间的内在联系,探索一条可持续发展的道路,即在保持经济增长的同时,实现环境的保护和生态的平衡。这要求中国在政策制定和实践中,既要推动经济结构的优化升级,减少对自然资源的依赖,又要加强环境保护法规的建设和实施,保护和修复生态系统,实现人与自然的和谐共生。

我国的基本社会制度决定了我国需要运用马克思主义生态思想。马克思主义生态思想倡导的社会公平与可持续发展,在社会主义制度下找到了实现的可能。中国作为社会主义国家,政府有能力进行宏观调控,制定长远的环境保护政策,推动绿色经济发展,这与资本主义社会中市场主导、短视的资源利用方式形成鲜明对比。中国生态文明建设的实践,如"两山"理论、"美丽中国"愿景等,体现了社会主义制度在解决生态问题上的优越性。

马克思主义生态思想家们如安德烈·高兹在其著作中提倡"去增长"和"脱钩",即减少物质生产,破除经济增长与环境破坏之间的直接联系,转而追求生活质量、社会公平和生态可持续性。这一理念与中国生态文明建设的目标相契合,即在保持经济稳定发展的同时,实现环境的可持续性。

在社会主义制度下,国家可以采取更加公平和可持续的方式分配和利用资源。与资本主义社会中市场力量主导资源分配不同,社会主义经济允许政府根据国家整体利益和长远发展目标,对资源进行规划和调控,避免资源的过度开发和浪费。社会主义制度下的政府有能力实施更加严格的环境政策,如设立环保标准、限制污染排放、推动绿色技术发展等,这些政策有助于减少环境破坏,促进生态系统的恢复和保护。社会主义制度追求的不仅是经济增长,还重视社会公平和人民福祉。这与安德烈·高兹等马克思主义生态思想家倡导的理念相呼应,即减少对物质生产的依赖,追求生活质量、社会公平和生态可持续性,而不是单纯追求 GDP 的增长。社会主义制度下的中国,在解决生态问题上展现出独特的优势,能够采取更加全面和综合的策略,实现经济增长与环境保护的协调发展。

我国生态建设主流意识形态与马克思主义生态思想相吻合。马克思主义作为我国的主流意识形态,深深植根于中国社会的各个领域,包括政治、经济、文化、教育和科研等。它不仅是理论指导,还是实践的指南针,特别是在面对生态问题时,马克思主义生态思想为中国提供了一套行之有效的分析框架和解决方案。

由于马克思主义的主导地位,其生态哲学思想在制度设计和政策制定中得到了充分体现。政府能够从全局出发,制定有利于生态环境保护的法律法规,如《环境保护法》《大气污染防治法》等,以及出台相关政策,如节能减排、绿色金融、生态补偿机制等,这些都是马克思主义生态思想在实践中的体现。在生态文明建设的具体实践中,马克思主义生态思想也得到了充分的运用。中国推行的一系列绿色发展战略,如"绿水青山就是金山银山"理念、"美丽中国"愿景、碳达峰与碳中和目标等,也与马克思主义生态思想相吻合。在中国,生态文明建设已经从理念转化为行动,从中央到地方,从政府到民间,从企业到个人,都在积极参与到绿色发展中,形成了全社会共建共享的生态文明建设格局。马克思主义生态思想在中国的广泛应用,不仅体现在理论层面的深化和丰富,更重要的是在实践层面的转化和落地。通过将马克思主义基本原理与中国具体实际相结合,中国正在探索出一条符合自身国情的生态文明建设之路,为实现人与自然和谐共生、建设美丽中国奠定了坚实的基础。

马克思主义生态思想的理论内涵与中国现实紧密相连。马克思主义生态思想根植于历史唯物主义,强调社会与自然之间的辩证关系。中国作为一个历史悠久的国家,其社会变迁与自然环境有着密不可分的联系。从古代农耕文明对土地的依赖,到近现代工业化的资源消耗,再到当前的生态文明建设,中国社会的发展历程与自然环境的变化息息相关,这与马克思主义关于社会生产方式影响自然环境的理论不谋而合。

随着中国现代化进程的加快,生态环境问题日益凸显,空气、水、土壤污染,生物多样性丧失等问题严重。马克思主义生态思想对资本主义生产方式的批判,以及对生态危机的预警,为中国提供了解决生态问题的理论武器,帮助中国反思和调整发展模式,从"先污染后治理"转向"绿色发展",追求经济与环境的和谐共生。

马克思主义生态思想强调人与自然的和谐共生,反对人类中心主义,主张尊重自然、顺应自然、保护自然。这一理念与中国传统文化中的"天人合一"思想相契合,为解决中国当前的生态问题提供了哲学基础。中国在生态文明建设中提出的"绿水青山就是金山银山"理念,体现了对马克思主义生态思想的应用。

中国在应对全球气候变化、生物多样性保护等国际环境议题上发挥着重要作用,这与马克思主义生态思想中关于人类命运共同体的思想相一致。中国积极参与全球环境治理,推动绿色"一带一路"建设,为构建人类命运共同体和推动全球生态文明建设做出了贡献。

综上所述,马克思主义生态思想之所以能够作为中国解决生态问题的重要指导,是因为它既符合中国的历史发展阶段和现实国情,又与中国的社会主义制度和意识形态相匹配。通过运用这一理论框架,中国能够在理论与实践中找到解决生态危机的有效途径,实现人与自然和谐共生的目标。

第九章 马克思主义生态思想指导我国生态文明建设的实践路径

- 第一节　马克思主义生态思想在中国的实践
- 第二节　马克思主义生态思想在中国的未来展望

第九章 | 马克思主义生态思想指导我国生态文明建设的实践路径

在环境挑战日益加剧的现实情境下,马克思主义生态思想不仅为我们提供了一套分析问题的理论工具,更重要的是,它指引着我们探索解决问题的实践路径。本章旨在展现马克思主义生态思想与中国当代生态现实之间的互动,不仅展示理论的现实意义,还反映实践对理论的丰富与修正。马克思主义生态思想将继续在中国化的实践与应用中焕发出新的活力,为阐释我国生态问题和实践路径奠定理论基础。

马克思主义生态思想不仅批判了资本主义生产方式对自然的剥削与破坏,还倡导了一种以人为本、以自然为友的新型文明形态——生态文明。这一理念强调,在现代化进程中,必须平衡好经济发展与环境保护之间的关系,构建良性的"社会代谢"循环,以实现人与自然的和谐共生。它要求我们在追求经济增长的同时,不能忽视生态环境的承载力,必须将环境保护置于国家战略的高度,确保经济社会发展与生态环境保护的同步推进。

构建良性的"社会代谢"循环,是马克思主义生态思想指导下生态文明建设的核心路径之一。这要求我们转变传统的线性经济模式,推动资源的循环利用,减少对自然资源的消耗和对环境的破坏,实现经济发展与环境保护的双赢。避免劳动异化,减少生态环境破坏,是实现这一目标的关键。劳动不仅是创造财富的手段,也是人自我实现的过程,必须确保劳动者在生产过程中的主体地位,防止劳动过程对自然环境的不当侵害,从而促进环境公平。

促进人的全面发展,是生态文明建设的终极目标。马克思主义生态思想认为,人的全面发展不仅包括物质生活水平的提高,还包括精神世界的丰富和生态意识的觉醒。通过逐渐解决生态问题,我们能够创造一个更加宜居、和谐的自然环境,为人的全面发展提供良好的外部条件。同时，政治民主在环境治理中的作用不容忽视。通过建立完善的环境治理体系，保障公民的环境知情权、参与权和监督权，可以增加环境治理的透明度和公信力，促进环境政策的科学制定与有效执行。

树立正确的生态伦理观及与之相关的文化价值观，是生态文明建设的灵魂。马克思主义生态思想倡导的"天人合一"思想，强调人与自然的和谐共生，要求我们在文化层面上培育尊重自然、爱护环境的价值观，通过教育、艺术、媒体等多种途径，传播绿色文化，提升全民的生态意识，营造全社会共同参与生态文明建设的良好氛围。①

第一节　马克思主义生态思想在中国的实践

马克思主义生态思想为我国生态文明建设提供了丰富的理论指导和实践路径。在新的历史条件下，我们必须坚持这一理论的引领，积极探索符合中国国情的生态文明建设道路，为建设美丽中国、实现中华民族伟大复兴的中国梦贡献力量。这不仅是一场深刻的经济社会变革，还是一次对人类文明发展方向的重新定位，它关乎每一个人的福祉，也关乎全人类的未来。让我们携手并进，共同开创生态文明新时代，让绿色成为发展的底色，让和谐成为社会的主旋律。本节将针对第八章第一节基于马克思主义生态思想提出的中国现实生态问题，尝试给出实践路径。

坚持社会主义制度，建设生态文明社会。马克思主义生态学认为，生态危机的根源在于资本主义制度及其生产方式，因此许多马克思主义生态学学者主张用生态社会主义取代资本主义。资本主义无法从根本上解决生态危机，因为资本主义制度的核心是无限制的经济扩张和资源掠夺，

---

① 张蕾：《马克思主义生态哲学思想及其当代价值》，《延边学报》2022年第10期。

环境保护只是一种维持资本积累的手段。这种制度无法彻底克服对自然的掠夺本质。① 因此,马克思主义生态学主张社会主义制度具有天然的优势,能够更好地应对生态危机。

马克思指出,人与自然的对立并非天生,而是特定社会制度和生产方式所致。通过研究马克思主义生态学的价值观可以得出结论,生态危机不仅是一场自然危机,还是人类自身的危机,它揭示了人与自然、人与社会的深层次矛盾。马克思对生态问题的本质揭示对我们建设生态文明社会具有积极的启示。

马克思的"人与自然的统一"理念为解决当今的生态危机奠定了思想基础。马克思认为,在理想状态下,人与自然应当是有机结合、相互依赖的。自然不仅是人类生存的基础,还是人类文化、经济和社会发展的源泉。如果人类以破坏环境为代价发展经济,那么不仅会破坏自然,还会破坏自身生存的条件。因此,真正的生态文明建设应当以恢复人与自然的和谐关系为目标,而这只有在社会主义制度下才能得到全面实现。

社会主义制度的优势在于,它能够从根本上摆脱资本主义制度的局限,特别是在生态保护方面。资本主义的逐利本质决定了它无法彻底解决环境问题。② 马克思主义生态学的代表人物如詹姆斯·奥康纳和安德烈·高兹,提出了"生态理性"这一概念,认为生态理性是与资本逻辑相对立的一种新型社会理性。奥康纳指出,资本主义制度下,环境保护永远是经济增长的附属品,无法摆脱资本积累的桎梏。而社会主义有能力通过制度上的调整,实现环境保护与经济发展的协调。

我国的生态文明建设已经取得了显著成就,马克思主义生态学的许

---

① 雷东东、赵心梦、吕敬美:《生态危机与资本逻辑:福斯特的生态批判理论》,《山西大同大学学报(社会科学版)》2024 年第 4 期。
② [美]约翰·贝拉米·福斯特:《生态危机与资本主义》,耿建新、宋兴无译,上海:上海译文出版社,2006 年,第 75 页。

多理论在我国得到了实践的证明。例如,习近平在多个场合强调,建设生态文明是中华民族永续发展的千年大计。在《中共中央关于全面深化改革若干重大问题的决定》中,生态文明建设被明确纳入国家发展战略,这是对社会主义制度优越性的充分体现。

我国生态文明建设的关键在于制度的设计与执行。在社会主义制度下,国家可以通过制定宏观调控政策,将生态保护纳入国家发展规划。这与资本主义制度下生态问题的"治标不治本"形成了鲜明对比。社会主义国家能够更加有效地协调经济增长与环境保护的关系,推进生态文明建设。通过中央政府的强力推动,我国在减少碳排放、控制污染物排放以及生态保护方面取得了显著的成效。例如,近年来我国大力推行的"绿水青山就是金山银山"理念,正是对马克思主义生态学中环境保护与经济发展协调理念的实际运用。

构建良性的"社会代谢"循环,促进环境公平。从马克思主义生态思想的角度出发,解决经济发展与环境保护失衡的关键在于构建一种新型的社会生产关系,这种关系既尊重自然的界限,又能满足人民的合理需求。

从马克思主义生态思想的视角来看,生产方式向生态友好型转变,是解决环境危机和实现可持续发展的关键。比如,企业可以通过采用清洁生产技术,减少资源消耗和废物排放;促进生态农业的发展,减少化学肥料和农药的使用,采用有机耕作方法,保护土壤健康,维护生物多样性。

马克思和恩格斯在他们的著作中反复强调了社会公正对于构建和谐社会的重要性,这一点在面对环境危机和追求生态平衡时显得尤为重要。资本主义将自然视为外在于社会、仅为生产目的服务的对象的观念,导致了人与自然关系的断裂,即异化。在异化的状态下,人类无法真正认识到自己与自然的共生关系,进而忽视了自然环境的保护和可持续性。在经济增长的前提下,实现社会公正与分配公平是重建和谐的人与自然关系、构建可持续社会的基石。

"社会代谢"是生态马克思主义者用来描述社会与自然之间物质和能量交换的概念,它源于马克思和恩格斯对资本主义生产方式下人与自然关系的分析。本·阿格尔等生态马克思主义者继承并发展了这一思想,提出了社会代谢的理论,强调社会经济活动与自然环境之间的物质和能量流动应当是一个封闭的、循环的系统,以减少资源消耗和环境破坏。

马克思和恩格斯曾多次探讨资本主义生产方式对社会和自然的影响。他们指出,资本主义的发展往往导致区域发展不平衡,造成经济与环境的双重差距。在当代中国,区域环境差异是一个显著的问题,东部沿海地区由于较早的工业化和经济发展,积累了较多的环境治理经验,而西部和内陆地区面临着资源开发和环境保护的双重挑战。为了促进可持续的区域发展,实施差异化的区域发展战略至关重要。

马克思和恩格斯在他们的著作中还多次强调了国际团结的重要性,尤其是在面对共同的敌人或挑战时。这一思想在当今的全球环境危机面前同样适用,环境问题是不分国界的,气候变化、空气污染、生物多样性丧失等全球性问题需要国际社会共同努力来应对。从马克思主义生态思想的角度看,国际合作在环境治理中扮演着至关重要的角色。

树立保护自然与以人为本的有机统一的理念。 马克思主义生态学强调,在人与自然的关系中,自然不仅是为人类所利用的对象,而且是人类生存与发展的基础。人与自然是有机统一的整体,任何一方的破坏都会导致整体的失衡。与资本主义主张的以资本增值为中心的"人类中心主义"不同,马克思主义生态学提出的"生态中心主义"倡导尊重自然、顺应自然,将自然视为人类共同生存的伙伴。马克思主义认为,自然不仅是物质财富的来源,还是人类历史发展的基础。这个观点为我国生态文明建设提供了理论支撑。

中国的生态文明建设不仅应着眼于环境保护,还应注重实现经济发展与生态保护的双赢。这种兼顾经济与生态的做法才是"保护自然与以人为本有机统一"理念的体现。例如,在治理大气污染方面,国家应该制定政策,限制高污染产业,推动绿色产业发展。这不仅有助于改善空气质量,还可为经济结构转型和升级提供新的动力。

党的二十大报告将"人与自然和谐共生的现代化"上升到"中国式现代化"的内涵高度,再次明确了新时代中国生态文明建设的战略任务。这一战略体现了中国对环境保护和以人为本的高度重视。中国政府将生态环境保护融入经济社会发展全局,通过综合施策,推行绿色、低碳、可持续的发展模式。例如,国家推动"美丽乡村"建设,以生态环境保护为核心,推动农村经济发展、居民生活水平的提高和环境保护的协同发展。[1]

此外,生态文明理念也应在城市建设中得以应用。我国近年来推行的"海绵城市"计划是一个重要的案例。海绵城市是一种具有良好"弹性"的城市形态,能够通过自然积存、自然渗透和自然净化来应对环境问题。[2] 在建设过程中,政府不仅应关注城市的生态功能,还应该注重居民的生活质量和长远利益。例如,北京市可进一步改造雨水径流系统、绿化城市空间,这不仅能够提升城市的生态环境,还可以改善市民的生活质量,实现人与自然的和谐共处。

坚持以人民群众为中心的生态价值观建设。马克思主义生态学认为,解决生态危机不仅需要制度变革,还必须依靠广大人民群众的力量。马克思主义强调群众是历史的创造者,任何社会变革都必须依靠群众的力量。同样,在生态文明建设中,人民群众既是受益者,也是推动者和建设者。我国生态文明建设的成功经验表明,只有充分调动人民群众的积极性,才能有效推进生态保护工作。

---

[1] 胡宗义、项琮、李好、刘佳琦:《政府环境责任履行对环境质量改善的影响研究》,《湖南大学学报(社会科学版)》2024年第5期。

[2] 刘亦晴、丁家玉:《中国城市绿色创新效率评价及影响因素贡献度分析》,《现代金融》2023年第11期。

第九章 | 马克思主义生态思想指导我国生态文明建设的实践路径

中国的生态文明建设始终坚持以人民为中心,关注人民的生态需求。习近平强调,生态环境是关系民生的重大问题,是最普惠的民生福祉。无论是空气质量的改善,还是水资源的保护,生态环境的改善直接关系到人民的生活质量。因此,国家一直将人民群众的利益放在首要位置考虑,站在人民群众的角度去制定相应的生态建设政策。例如,近年来我国实施的农村环境综合整治计划,不仅改善了农村的生态环境,还提高了农民的生活水平,充分体现了以人民为中心的生态价值观。

同时,生态文明建设的最终目标是实现人与自然的和谐共生,促进社会的全面发展和人的全面发展。这一理念贯穿于中国生态文明建设的方方面面。在推进精准扶贫的过程中,国家不仅关注经济脱贫,还通过发展生态农业、生态旅游等方式,促进贫困地区的生态环境改善和经济发展。这些措施既可以保护生态环境,又可以为贫困地区提供可持续发展的路径,在实践的过程中体现马克思主义生态学所主张的社会公平与生态保护相结合的理念。

在实践中,中国通过"绿水青山就是金山银山"的理念推动绿色发展,尤其是在资源密集型地区和生态脆弱地区,采取一系列措施促进绿色转型。[①] 政府可以通过发展生态旅游、绿色农业和环保产业,将原本依赖资源的经济结构逐步转型为绿色经济。这不仅可以改善当地的生态环境,还可以提高居民的收入,将生态价值观、社会效益和经济效益相统一。

生态文明建设的成功离不开人民群众的参与。在树立生态文明理念的过程中,公众的环保意识的建立至关重要。马克思主义生态学强调,环境问题不仅是自然的问题,还是社会的问题,只有全社会牢固树立了环保意识,才能更加容易且有效率地解决生态问题。只有全社会共同努力,才

[①]《习近平谈治国理政》(第 2 卷),中央文献研究室编,北京:外文出版社,2014 年,第 394 页。

能实现生态危机的根本解决。在中国，生态文明的实践不仅要依靠政府政策的制定与执行，还应融入社会各界的广泛参与中。生态环境的保护已经基本成为全社会的共识，政府还应加大生态文明宣传教育力度，通过法律引导和社会监督，促进广大人民群众形成自觉保护生态环境的意识，推动生态文化的形成。当前，国家实施的"绿色生活"倡议和"光盘行动"已经在一定程度上引导公众从日常生活中参与环境保护，还需多措并举，加大生态文明教育力度，将这种全社会共同参与的机制融入人们的日常生活中。例如，还应该进一步在全国范围内推行垃圾分类，通过公众参与，推动城市垃圾处理系统的绿色转型。

通过以上措施的具体应用，我们可以将马克思主义生态思想转化为生动的实践行动，推动我国生态文明建设不断向前发展。马克思主义生态思想为我们理解和应对当代生态危机提供了有力的思想武器。在我国生态文明建设的伟大实践中，我们要深入学习和运用马克思主义生态思想，树立生态文明理念，加强生态系统保护，推动制度变革，构建生态文明制度体系。总之，运用马克思主义生态思想指导我国实践是一项长期而艰巨的任务。我们需要不断探索和实践，将马克思主义生态思想与实际工作相结合，推动生态文明建设深入发展。同时，我们还需要加强国际合作和交流，共同应对全球生态危机，推动构建人类命运共同体。

第二节 马克思主义生态思想在中国的未来展望

中国的生态文明建设已经取得显著成效，并且在不断深化和发展。这些成就表明，马克思主义生态学的价值观在中国具有强大的现实指导意义。在未来的生态文明建设中，中国将继续坚持以人民为中心，推动经济发展与生态保护的有机统一,实现人与自然的和谐共处。

从全球范围来看,生态危机是全人类面临的共同挑战。资本主义国家在解决生态问题上面临诸多瓶颈,资本主义的逐利本质决定了环境保护始终不能摆脱经济利益的桎梏。而在社会主义制度下,通过合理的制度设计和政策引导,国家能够更好地协调经济发展与环境保护的关系。中国的实践证明,社会主义制度具备从根本上解决生态危机的潜力。

习近平提出的生态文明战略不仅为中国的生态建设指明了方向,还为全球环境治理提供了"中国方案"。在未来,我国将继续推进生态文明建设,通过"一带一路倡议"等平台,推动全球范围内的生态合作。马克思主义生态学的价值观为这一进程提供了强大的理论支持。

在未来的生态建设中,中国将继续坚持绿色发展,走可持续发展道路,通过深化改革,推动生态文明与经济发展的深度融合,逐步实现生态环境保护与经济社会发展齐头并进的目标。同时,中国将积极参与全球生态治理,倡导构建人类命运共同体,推动建立公平、合理、合作共赢的全球生态治理体系。

此外,马克思主义生态学还提醒我们,生态文明建设是一项长期而复杂的任务,既需要依靠制度力量,也需要社会各界的共同参与。只有在全社会形成绿色的生产方式和生活方式,才能从根本上解决生态问题,实现人与自然的和谐发展。因此,未来中国的生态文明建设将更加注重公众参与,通过提高全民的生态意识,推动社会形成共识,真正实现生态文明理念的深入人心。

总之,马克思主义生态学的核心理念为我国的生态建设提供了理论基础和实践指南。通过坚持社会主义制度、树立保护自然与以人为本的统一理念、坚持以人民群众为主的生态价值观,我国的生态文明建设正在不断取得进展。在未来,生态文明的建设不仅是中国自身的历史使命,还是对全球生态治理的积极贡献。

第十章 马克思主义生态思想对我国生态文明建设的深远影响

- 第一节 马克思主义生态思想中国化的根基
- 第二节 马克思主义生态思想指导我国生态文明建设的积极作用

第十章 | 马克思主义生态思想对我国生态文明建设的深远影响

在探索与实践的交织中,马克思主义生态思想如同一盏明灯,指引着中国生态文明建设的航向,使其在复杂多变的现代化进程中,始终坚守绿色发展的初心。历史的车轮滚滚向前,中国的生态文明建设在这一理论的滋养下,不仅实现了生态环境的质变型改善,还推动了社会经济结构的深层次转型。这是一场由理念到行动、由量变到质变的全面飞跃。其中,马克思主义生态思想扮演着至关重要的角色。它促使我们深刻认识到,人与自然并非对立的存在,而是一个生命共同体,人类的发展不应以牺牲环境为代价。这一认识转变,催生了"绿水青山就是金山银山"的新时代绿色发展理念,成为中国生态文明建设的核心价值取向。从政策制定到产业布局,从城市规划到乡村治理,这一理念已渗透至国家发展的各个层面,成为指导实践的行动指南。因此,可以说,马克思主义生态思想不仅为中国的生态文明建设提供了坚实的理论基石,还激发了全社会共建美丽中国的行动自觉,使得绿色发展之路越走越宽广,生态文明之树日益枝繁叶茂。

第一节　马克思主义生态思想中国化的根基

马克思主义生态思想,作为全球思想体系的一部分,对生态问题的阐述具有深远影响。其中,马克思主义生态思想在中国的传播与发展呈现出鲜明的本土化特征,这一思想的中国化不仅为中国的生态文明建设提供了重要的理论支持,还为全球生态问题的解决探索了中国经验。本节将从制度、现实和文化三个层面,根据我国国情和不同历史阶段的特点,阐释马克思主义生态思想对我国生态文明建设的指导作用。

制度基石：社会主义制度对资本主义的超越。马克思主义生态思想的核心之一，是对资本主义生产方式的批判。马克思认为，资本主义的生产逻辑不仅导致了对劳动力的剥削，也造成了对自然资源的无情掠夺。马克思指出，资本主义生产方式以追逐利润为中心，将自然资源视为无偿使用的工具，最终导致生态环境的破坏和资源的枯竭。具体而言，在资本主义社会中，森林、矿产、土地等自然资源的过度开发，造成了不可逆转的生态危机。《资本论》中详细阐述了资本主义对自然的过度利用，特别是森林资源的急剧减少和土地肥力的丧失。这种生产模式不仅是对自然的掠夺，还是对人类未来发展的威胁。[1]

与资本主义不同，社会主义制度为解决生态危机提供了制度上的优势。在中国，社会主义制度的建立和发展，为生态文明建设奠定了坚实的基础。[2] 首先，社会主义制度以公有制为主体，这意味着生产资料的公共所有制，可以有效避免资本主义制度中私有制下无节制地追逐利润的弊端。中国的社会主义制度不仅重视经济发展，还注重社会的整体利益和长远发展目标，这为实现人与自然的和谐共存提供了可能性。

马克思认为，资本主义社会的人与自然之间的物质变换是割裂的，而这种割裂正是生态危机的根源。资本主义生产体系对自然的掠夺性开发，直接打破了人与自然的平衡。相比之下，社会主义制度强调公有制经济，特别是对资源的集体管理，这可以有效控制对自然资源的过度开发，并有助于保护生态环境。因此，中国的社会主义制度从根本上克服了资本主义生产方式中固有的矛盾，为生态文明建设提供了制度保障。

党的二十大报告着眼全面建设社会主义现代化国家，部署了推进生态文明建设的战略任务和重大举措，指出要"提升生态系统多样性、稳定

---

[1]《马克思恩格斯文集》(第5卷)，中共中央编译局编译，第578页、第757页。
[2] 王青峰：《中国式现代化视域下强化战略思维的内在逻辑和实践路径》，《扬州教育学院学报》2024年第2期。

性、持续性"，已然将生态文明建设提升到国家战略高度。① 这一战略的提出，标志着中国在经济发展过程中更加注重生态环境保护和可持续发展。作为社会主义制度的实践者，中国通过制度创新和政策调整，逐步走上了绿色发展和可持续发展的道路。可以说，马克思主义生态思想在中国的实践，与中国的社会主义制度深度契合，形成了中国特色的生态文明发展路径。

现实基础：马克思主义生态思想能够帮助我们认识和理解中国的生态问题。马克思主义生态思想中国化的另一个重要根基是中国独特的生态现实。中国作为世界上人口最多的国家，面临着严峻的资源和环境压力。资源匮乏、环境污染、能源短缺等问题，在中国经济快速发展的过程中逐渐凸显。这些现实问题为马克思主义生态思想的中国化提供了切实的需求和理论应用的广阔空间。

首先，中国的资源短缺问题直接威胁着可持续发展。中国虽然幅员辽阔，但人均资源占有量相对较低，尤其是水资源、矿产资源的分布不均和过度开采，已经成为制约经济社会发展的重要因素。② 马克思认为，资源的合理使用和再生是实现人类可持续发展的关键。中国在资源利用方面面临的严峻挑战，使得马克思关于自然资源不可无限制开发的理论在中国具有重要的现实指导意义。

其次，环境污染问题是中国当前亟待解决的生态问题之一。工业污染、空气污染、水污染等问题严重威胁到人民的生活质量和健康安全。马克思指出，资本主义工业化进程中的环境污染是资本扩张的直接结果，只

---

① 新华社：《站在人与自然和谐共生的高度谋划发展——在深刻领会新时代10年伟大变革中贯彻落实党的二十大精神之生态文明篇》，https://www.mee.gov.cn/ywdt/szyw/202212/t20221205_1006857.shtml，访问日期：2024年11月23日。
② 倪维斗、陈贞、李政：《我国能源现状及某些重要战略对策》，《中国能源》2008年第12期。

有通过改变生产方式,才能有效应对生态危机。在这一点上,中国通过深入推进产业结构调整和生态环保政策实施,正逐步实现经济发展与环境保护的协调统一。

最后,中国的能源结构问题也是影响生态环境的重要因素。中国长期依赖化石能源,特别是煤炭和石油的过度使用,导致空气质量下降和温室气体排放增加。能源结构的不合理,使中国面临着能源短缺与环境污染的双重困境。马克思主义生态思想中对资本主义生产方式下能源过度使用的批判,为中国解决这一问题提供了理论支持。通过推动能源结构调整和发展清洁能源,中国正积极应对这一挑战,努力实现经济增长与生态保护的双赢。

中国的现实生态问题,正是马克思主义生态思想在中国得以实践的重要动力。中国通过生态文明建设和可持续发展道路的探索,将马克思主义生态思想的理论运用到实践中,力图实现经济发展与生态保护的平衡。这不仅是对马克思主义生态思想的继承与发展,还为全球生态问题的解决提供了中国经验。

文化基因:中国传统生态智慧与马克思主义生态思想的契合。在中国的历史文化中,"天人合一"这一思想一直是生态智慧的重要组成部分,强调人与自然的和谐共存。这一思想将二者看作统一的整体,用发展的眼光看待人与自然的关系问题,与马克思主义生态思想中人与自然和谐共生关系的精髓有着异曲同工之妙。

中国传统文化中的"天人合一"思想认为,人与自然是一个有机整体,二者相互依存,不可分割。这一思想主张人类在利用自然资源时应保持对自然的敬畏与尊重,避免对自然环境的过度开发与破坏。《周易》中的"天人相应"和"天人合一"思想便强调,人类与自然界之间存在着内在的和谐关系,任何破坏这种关系的行为都会带来灾难性后果。这种传统生态智慧,为现代生态思想的实践提供了宝贵的理论依据。

第十章 | 马克思主义生态思想对我国生态文明建设的深远影响

马克思在其生态思想中也表达了类似的观点。他强调人类必须认识并尊重自然的规律,只有这样才能实现人与自然的和谐相处。他认为,人与自然之间存在着物质变换关系,人类依赖自然界提供的用于生存和发展的物质资料,但同时要尊重自然的内在规律,不应过度索取。马克思在《资本论》中指出,资本主义的生产方式导致了人与自然的物质变换断裂,而这种断裂的加剧将不可避免地导致生态危机。因此,马克思的生态思想与中国传统文化中的"天人合一"思想在本质上具有高度契合性,二者都强调人类与自然的辩证统一关系,呼吁恢复人与自然的和谐关系。

在马克思主义生态思想中国化的进程中,中国传统的"天人合一"思想为构建中国特色的生态文明提供了深厚的文化基因。这一思想不仅为生态文明建设提供了理论支撑,还为如何实现人与自然的和谐共生提供了具体的实践指导。首先,"天人合一"强调自然的神圣性与不可侵犯性,这与现代生态文明建设中的环境保护理念相一致。生态文明建设要求人类在追求经济发展的同时,尊重自然规律,减少对环境的破坏。这种观点与马克思的生态思想互为补充,为解决当前的生态问题提供了新的思路。其次,"天人合一"思想主张节制使用自然资源,强调资源的可持续利用。中国古代的先贤们通过观察自然界的变化,认识到自然资源的有限性,并主张适度使用资源,避免浪费。[①] 马克思在其著作中也强调,资本主义生产方式的弊端之一在于对自然资源的过度开采与消耗,这种无节制的开发方式最终将威胁人类的生存。中国传统文化中的节制思想与马克思的生态批判理论相结合,为当代中国的可持续发展提供了重要的理论基础。最后,"天人合一"思想提倡生态道德观念,强调人类对自然的责任与义务。在中国古代,许多哲学家主张人类应该对自然怀有仁爱之心,善待生

---

① 方克立:《"天人合一"与中国古代的生态智慧》,《社会科学战线》2003年第4期。

灵。① 这一生态道德观念对今天的环境保护具有重要的借鉴意义。马克思也认为,人类作为自然的一部分,应该以负责任的态度对待自然环境,不能为了眼前的利益而破坏自然的和谐。在生态文明建设中,这种生态道德观的引入,有助于提高人们的环保意识,促使社会各界共同努力实现生态保护。

通过对"天人合一"思想的传承与发展,中国在生态文明建设中探索出了一条独具特色的发展道路。马克思主义生态思想的中国化过程,不仅是对马克思主义生态理论的继承和创新,还是中国传统文化智慧的现代运用。其中,社会主义制度和现实基础为马克思主义生态思想提供了坚实的制度保障与实践基础,而中国传统文化则为这一思想的落地生根提供了文化滋养。

总之,马克思主义生态思想在中国的实践,不仅推动了中国的生态文明建设,还为世界提供了一个全新的生态发展模式。在全球面临气候变化、资源枯竭等重大生态问题的今天,中国的生态文明建设成果为其他国家提供了宝贵的经验。中国通过坚持马克思主义理论,结合自身的社会主义制度和文化智慧,为全球生态问题的解决提供了可能的出路。生态文明建设是一个长期的、复杂的过程,涉及经济、社会、政治、文化等多个领域的协同发展。在这一过程中,中国不仅要继续坚持社会主义制度的优势,还要进一步改善人与自然的关系。生态文明建设还需要全球范围内的共同努力。中国在推进生态文明建设的过程中,积极参与全球环境治理,并与世界各国分享生态文明建设的经验和成果。这一国际合作不仅有助于全球生态危机的解决,还能为构建人类命运共同体提供坚实的基础。

---

① 张岱年:《中国文化的基本精神》,《齐鲁学刊》2003年第5期。

第二节 马克思主义生态思想指导我国生态文明建设的积极作用

马克思主义生态思想的中国化,首先是建立在社会主义制度对资本主义的超越之上的。其次,中国的生态问题与马克思主义生态思想的高度契合,为马克思主义生态思想在中国的应用提供了现实基础。最后,中国传统生态智慧与马克思主义生态思想的契合,为马克思主义生态思想在中国的传播和发展提供了深厚的文化土壤。本节将重点分析马克思主义生态思想在我国生态文明建设中的具体应用及其带来的显著成效,其不仅推动了生态环境质量的显著提升,还促进了绿色发展理念的普及和绿色产业的发展,为我国生态文明建设提供了强大的理论支持和实践动力。通过本节的探讨,我们可以更全面地理解马克思主义生态思想在中国的具体应用及其深远影响。

推动了我国生态环境质量显著提升。马克思主义生态思想强调人与自然和谐共生的理念,认为自然界不仅是人类生存的基础,还是人类活动的限制条件。在中国生态文明建设的实践中,这一哲学思想被赋予了新的时代内涵,成为推动生态环境质量显著提升的关键力量。在马克思主义生态思想的指导下,我国加大了对生态环境的保护和治理力度,实施了一系列生态修复工程,使许多地区的生态环境得到了显著改善。空气质量、水质等关键指标得到了有效提升,人民群众的生活环境质量得到了明显提高。

首先,在马克思主义生态思想的指导下,中国政府将生态文明建设纳入国家发展战略,确立了其在"五位一体"总体布局中的重要位置。这意味着生态环境保护不再仅仅是环保部门的职责,而是整个国家和社会共同的责任。这一战略高度的定位,确保了生态文明建设能够得到跨部门、跨区域的协同推进,形成合力。

其次，马克思主义生态思想主张全面、协调、可持续的发展观，这直接体现在了中国制定的一系列环境保护法律法规和政策措施中。例如，国家出台了《中华人民共和国环境保护法》《大气污染防治行动计划》《水污染防治行动计划》等，这些法律和政策旨在通过严格的法规约束和市场激励机制，减少污染物排放，改善环境质量。同时，政府还大力推行节能减排和绿色低碳技术，鼓励发展清洁能源，如太阳能、风能、水能等，以减少化石燃料的使用，减少温室气体排放。

再者，基于马克思主义生态思想对生态系统整体性的重视，中国实施了大规模的生态修复和保护工程，比如，开展了退耕还林、三北防护林体系建设、天然林保护、湿地保护与恢复、荒漠化治理等一系列重大生态工程。这些项目不仅提升了森林覆盖率，改善了水土流失状况，还有效提升了生物多样性，促进生态系统的恢复和重建。

此外，马克思主义生态思想强调社会公平正义，认为生态环境的改善应当惠及全体人民。因此，中国政府致力于解决突出的环境问题，如雾霾、饮用水安全、土壤污染等，切实保障了公众健康，提高了人民群众的生活质量和幸福感。所以，马克思主义生态思想不仅为中国生态文明建设提供了理论基础，而且通过政策制定、法律法规、生态保护项目和环境治理措施的实施，有力地推动了生态环境质量的显著提升，展现了其在实际工作中的强大生命力和深远影响力。

促进了绿色发展理念深入人心。在马克思主义生态思想的引领下，绿色发展理念已经深深植根于中国经济社会发展的各个层面，成为推动国家向生态文明迈进的重要动力。这一转变不仅体现在政府决策和企业行为的绿色转型上，还表现在全民参与生态文明建设的广泛意识觉醒中。在马克思主义生态思想的影响下，绿色发展理念逐渐成为我国经济社会发展的主流思想。无论是政府决策还是企业行为，都更加注重生态环境保护，积极推动绿色产业的发展。人民群众也逐渐认识到生态环境保护的重要性,积极参与生态文明建设,形成了全社会共同推进生态文明建设的良好氛围。

首先,马克思主义生态思想强调的"人与自然和谐共生",促使中国政府将绿色发展理念融入国家政策体系。一系列重大战略部署,如"美丽中国""碳达峰、碳中和"目标的提出,以及《生态文明体制改革总体方案》的出台,标志着中国将生态文明建设置于前所未有的高度。

其次,企业开始重视供应链的环境影响,推行绿色采购,优先选择环保材料和节能产品,减少生产过程中的资源消耗和废物排放。越来越多的企业采用清洁生产技术和循环经济模式,以实现资源的高效利用和循环利用,降低生产活动对环境的影响。企业将环保视为提升品牌形象和社会担当的一部分,主动承担起环境保护的义务,通过绿色营销策略增强消费者认同感。

最后,全民参与到绿色文化中。学校和社区广泛开展环保教育活动,提升公众的环保意识,倡导绿色生活方式,如节约用水用电、减少塑料使用、垃圾分类等。随着绿色发展理念深入人心,越来越多的人选择绿色出行(如公共交通、骑行、步行)、绿色饮食(如减少肉类消费、选择有机食品)等,形成了一种健康、低碳的生活方式。社会各界积极参与环保公益活动,通过网络平台、民间组织等渠道,对环境污染事件进行监督举报,形成舆论压力,推动环境问题的解决。

总之,马克思主义生态思想不仅深深影响了政府的决策逻辑和企业的运营模式,更重要的是,它还激发了全社会对生态文明建设的热情和行动,使绿色发展理念成为一种深入人心的社会共识和自觉行动,共同推动中国向生态文明社会迈进。

推动了绿色产业和循环经济快速发展。马克思主义生态思想在推动中国绿色产业和循环经济快速发展的过程中,发挥了核心的理论指导作用。这一哲学思想倡导的绿色、循环、低碳发展模式,不仅促进了产业结构的优化升级,还加速了科技创新的步伐,为中国经济的可持续发展开辟了新路径。在马克思主义生态思想的指导下,我国大力发展绿色产业和循环经济,推动传统产业向绿色化、低碳化方向转型升级。一系列绿色技术的研发和应用,为绿色产业的发展提供了有力支撑。同时,循环经济的理念也得到了广泛推行,资源利用效率得到了显著提高,为我国经济社会的可持续发展奠定了坚实基础。

首先,政策引导与扶持。在马克思主义生态思想的指导下,中国政府出台了一系列支持绿色产业发展的政策,包括财政补贴、税收优惠、绿色信贷等,鼓励企业投资绿色技术研发和绿色产品的生产。这些政策为绿色产业的兴起创造了有利条件,推动了新能源、节能环保、清洁生产等行业迅速成长。

其次,绿色技术创新。马克思主义生态思想强调,科技进步是实现可持续发展的关键。在中国,这一理念激发了对绿色技术的大量研发投入,尤其是在风能、太阳能、生物质能等可再生能源领域,以及电动汽车、智能电网、高效节能设备等方面,取得了显著成果,提升了中国在全球绿色技术领域的竞争力。

再次,绿色产业链构建。绿色产业的发展不仅是单一环节的绿色化,而且是要构建完整的绿色产业链。从原材料获取、产品设计、生产制造、物流运输到最终消费和回收处理,各个环节都要遵循绿色原则,实现整个产业链的绿色转型。

最后,循环经济的推广。循环经济强调"减量化、再利用、资源化",即减少资源消耗,尽可能多次利用资源,并将废弃物转化为资源。在马克思主义生态思想的指导下,中国大力推进工业废物的资源化利用,提高资源的综合利用率,减少对原生资源的依赖。循环经济要求产品设计时就考虑到其整个生命周期的环境影响,从源头减少废弃物的产生。中国鼓励企业采用生态设计方法,生产易于回收、拆解、再利用的产品,同时加强对产品废弃后的回收处理,形成了闭环的资源流动体系。马克思主义生态思想倡导的节约资源和保护环境的理念,也影响了消费模式的转变。绿色消费观念日益普及,人们更加倾向于购买环保产品和服务。同时,共享经济的兴起,如共享单车、共享汽车等,减少了资源的闲置浪费,提高了资源的利用效率。

通过绿色产业和循环经济的发展,中国不仅提高了资源利用效率,降低了环境污染,还促进了经济增长方式的转变,实现了经济发展与环境保护的双赢。马克思主义生态思想强调的可持续发展理念,为中国的经济社会发展指明了方向,确保在追求经济增长的同时,不破坏生态环境,为子孙后代留下一个天蓝、地绿、水清的美好家园。

倡导全球生态正义,推动我国参与全球环境治理。马克思主义生态思想的核心之一是全球生态正义,它超越国界,倡导所有国家和地区应共同承担保护地球环境的责任,追求人与自然的和谐共存。

首先,倡导全球生态正义。在全球化背景下,各国的发展水平参差不齐,这不仅体现在经济和社会建设上,还深刻影响着对生态环境保护的态度与实际行动。发展中国家与发达国家在经济增长过程中对环境的影响差异显著,前者往往处于追赶阶段,面临着巨大的发展压力;而后者则已经步入了后工业化社会,更加注重环境保护和可持续发展。这种不对称性导致全球生态问题的责任分担不均,进而加剧生态问题。

面对这一现实,我们必须认识到,经济增长速度较快的国家,尤其是那些在工业化进程中对自然资源消耗巨大、环境污染严重的国家,应当承担起更多的生态责任。这不仅是出于道义上的考量,还是为了促进全球环境正义,确保所有国家和地区都能享有清洁、健康的自然环境。同时,我们应警惕一些西方发达国家试图通过生态议题来限制或影响中国等新兴经济体正当发展的意图。这些国家有时会以环保之名行贸易保护之实,试图通过设置绿色壁垒等方式,阻碍其他发展中国家的技术进步和产业升级。因此，在推进生态文明建设的同时，中国及其他发展中国家需要加强国际合作，共同制定公正合理的国际规则，既要推动全球环境治理，也要维护自身合理的发展权益。通过科技创新和绿色转型，探索一条既能促进经济社会持续健康发展，又能有效保护地球家园的新路径。这不仅有利于提升本国人民的生活质量，还将为构建人类命运共同体贡献智慧和力量。

其次，中国在推动国内绿色转型的同时，也在国际舞台上发挥积极作用，展现了负责任大国的形象。一是积极参与全球气候治理。在马克思主义生态思想的指导下，中国认识到应对气候变化是全人类面临的共同挑战，必须通过国际合作来解决。中国积极参与《联合国气候变化框架公约》及《巴黎协定》等国际协议的谈判和执行，承诺在2030年前达到碳排放峰值，2060年前实现碳中和的目标，体现了中国在全球气候治理中的担当。二是推动绿色"一带一路"建设。中国倡议的"一带一路"国际合作，融入了绿色发展理念，致力于建设绿色丝绸之路。通过推广绿色基础设施、绿色能源、绿色交通等项目，中国帮助沿线国家和地区实现绿色增长，减少碳足迹，共同应对环境挑战。中国在生态文明建设中积累的经验和技术，如绿色农业、生态修复、清洁能源技术等，通过南南合作、中非合作论坛等平台，与其他发展中国家分享，助力全球环境治理和可持续发展目标的实现。三是生态文明理念的国际传播。马克思主义生态思想强调人与自然的和谐共生，这种生态伦理观通过各种国际交流平台传播，促进了全球对于生态文明理念的理解和认同。中国通过举办世界园艺博览会、国际生物多样性日等活动，展示生态文化，推动全球生态文化的交流互鉴。中国积极参与全球环境议题的讨论，如生物多样性保护、海洋污染治理、野生动植物贸易管制等，通过提供资金援助、技术支持等方式，促进全球环境问题的解决。中国认真履行《生物多样性公约》《濒危野生动植物种国际贸易公约》等国际条约，加强国内相关立法，保护珍稀物种和生态系统,为全球生物多样性保护贡献力量。四是展现出了一个负责任的大国形象。中国通过设立气候变化南南合作基金、建立绿色丝路使者计划等,为发展中国家提供环保技术培训和资金支持,帮助其提升应对气候变化的能力,展现了中国在全球环境治理中的积极贡献。在面对全球性环境问题时,中国始终倡导多边主义,支持联合国在国际环境治理中的核心作用,强调各国应平等协商、共同行动,反对单边主义和保护主义,维护全球环境治理的公平性和有效性。马克思主义生态思想倡导的全球生态正义与中国提出的构建人类命运共同体理念相契合,两者都强调在全球环境问题面前,各国应携手合作,共同守护地球家园,为子孙后代留下一个可持续发展的未来。

马克思主义生态思想不仅推动了中国国内的生态文明建设,也促使中国在国际社会中扮演着越来越重要的角色,通过参与全球环境治理,分享中国方案,展现了负责任大国的担当,为构建全球生态文明做出了积极贡献。

为我国生态文明建设提供了长远的发展动力。马克思主义生态思想作为一种深刻理解人与自然关系的理论体系,为中国的生态文明建设提供了长远的发展动力和指导思想。它不仅揭示了工业化进程中人与自然矛盾的本质,还提出了实现人与自然和谐共生的路径,为构建可持续发展的现代化格局提供了坚实的理论支撑。通过深入理解和把握马克思主义生态思想的核心要义,我们可以更好地指导生态文明建设实践,推动形成人与自然和谐共生的现代化新格局。这一思想不仅为我国当前的生态文明建设提供了指导,还为未来的可持续发展提供了强大的思想武器。

首先,树立了长久的可持续发展观。马克思主义生态思想强调可持续发展的重要性,认为经济发展不能以牺牲环境为代价。这一理念促使中国在制定长期发展规划时,将生态文明建设作为重要内容,确保经济增长与环境保护同步推进,避免走"先污染后治理"的老路。在马克思主义生态思想的影响下,中国积极探索绿色增长模式,即在经济增长的同时减少对自然资源的依赖和对环境的负面影响。这包括发展绿色产业、推广绿色技术、倡导绿色消费以及构建绿色金融体系等,为经济的长远健康发展奠定基础。

其次,形成了正确的生态文明价值观。马克思主义生态思想倡导尊重自然、顺应自然、保护自然的价值观,这与中国传统文化中的"天人合一"思想相呼应,推动形成一种新型的现代化格局,即在发展过程中充分考虑自然生态系统的承载能力,促进人与自然和谐共生。

再次,现阶段实施的生态文明建设举措考虑到了后世千秋。基于马克思主义生态思想的指导,中国划定了生态红线,对重要生态功能区、生态环境敏感区和脆弱区进行严格保护,防止过度开发,确保生态安全,为子孙后代留下宝贵的自然遗产。为了将生态文明建设纳入法治轨道,中国不断完善环境相关法律法规体系,强化生态环境监管,严厉打击环境相关违法行为,用法律手段保障人与自然和谐共生的目标得以实现。

最后,形成了全民参与生态建设的格局。马克思主义生态思想强调社会的全面参与,倡导全民共建共享生态文明,通过教育普及、媒体宣传、社区动员等多种方式,提高公众的环保意识,激发全社会参与生态文明建设的积极性和创造性。

综上所述,马克思主义生态思想为中国的生态文明建设提供了长远的发展动力和方向,它不仅是一种理论指导,更是推动中国实现绿色、可持续发展的实践指南。中国化的马克思主义生态思想,特别是习近平生态文明思想确定了以中国式现代化推进中华民族伟大复兴的奋斗目标,而人与自然和谐共生的现代化是中国式现代化的重要特征。通过深入理解和应用这一哲学思想,中国正在构建一个人与自然和谐共生的现代化新格局,为全球生态文明建设提供中国经验和中国力量。站在历史与未来的交汇点,回望马克思主义生态思想对中国生态文明建设的深远影响,我们看到了一幅生动而宏大的画卷——从理论到实践，从国内到国际，从当下到未来——每一笔都勾勒着绿色发展的坚定步伐和美丽中国的宏伟愿景。马克思主义生态思想不仅为中国生态文明建设提供了坚实的理论基石，更以其前瞻性和包容性，激发了全社会共建美丽中国的行动自觉，促进了人与自然和谐共生的新格局形成。展望未来，中国将继续沿着马克思主义生态思想的指引，深化生态文明体制改革，加强全球环境治理合作，推动绿色低碳技术的创新与应用，培育绿色生活方式，让生态文明成为社会发展的普遍形态。同时，中国将以更加开放的姿态，分享生态文明建设的成功经验，与世界各国一道，共同应对全球环境挑战，为构建人类命运共同体、实现全球可持续发展，贡献中国智慧和中国方案。

结　语

马克思和恩格斯所建立的马克思主义理论框架中,并未将人与自然的关系及生态观独立为一个完整体系,但其生态思想、人与自然和社会和谐发展的理念是一以贯之并散落在多个理论及分析中的。经过对原著以及相关研究成果的深入解读和分析,我们可以清楚地发现,马克思和恩格斯的生态思想是在对资本主义制度下社会和自然关系的深刻反思和批判中逐渐形成的。在环保、生态、碳中和、碳达峰等层出不穷的新理念日益对当代经济、社会、生活造成深远影响的当下,回头研究马克思主义生态思想并将其与当下西方环保思潮对比,可以更清晰地体会马克思主义生态思想之深刻与前瞻性。

现代环保理念虽然强调了人与自然的关系,认为人类应该尊重自然、保护环境,实现人与自然的和谐共处;但是,马克思主义生态思想更加注重对资本主义制度下生态危机产生的原因进行分析和批判,强调社会变革对于解决生态问题的重要性,认为只有通过社会主义革命才能实现真正意义上的环境保护。

作为马克思主义指导下的社会主义国家,中国各个时期的路线、方针、政策中,都不同程度地体现了马克思主义生态思想,每一代领导人都提出了一系列重要的理论和实践创新,马克思主义生态思想在中国也经历了开创、发展、深化、成熟、新阶段的过程。随着中国逐渐将马克思主义生态思想融入国家战略和政策中,并将其作为指导生态文明建设的理论基础,中国的绿色经济和生态文明建设正发展得越来越科学、越来越好,经济、社会和环境的协调发展也逐渐走上互相促进的正向循环路径。

然而,中国目前仍面临相当严峻的现实生态问题:经济发展模式不平衡、不协调,生态与人口之间不协调,政治问题、生态问题相互影响,生

结 语

态政治建设有待加强,生态政策有待完善,在资源的时空分布与利用等多方面还存在不公平现象,生态建设中生态文化缺失。

马克思主义生态思想不仅分析了生态问题的成因,界定了生态文化的发展内容,还在中国社会发展实践中成为我国生态文化建设的"指明灯"和"引路人"。通过发展生态经济、建设生态政治、发展生态文化、建设生态社会,中国政府将在未来的发展中努力实现经济发展和自然生态系统保护的平衡,实现经济、社会和环境三个方面的协调发展。在马克思主义生态思想的指引下,在全社会形成生态建设的文化氛围与行为准则,中国走出了一条可持续发展的道路。

生态哲学的核心问题是人与自然、社会的关系,强调人与自然、社会的和谐发展,不仅包括同一时空下的全体人类,还包括在时间维度和代际视野下的人类群体。在这样的维度下,只有"人类命运共同体"思想能承载如此宏大而且跨越空间、时间的战略与规划。这一思想强调全球各国应该携手合作,共同应对全球性问题,而环境问题是全球性问题的重要议题之一。实现"人类命运共同体"的过程,也是推动全球生态文明建设的过程,这可谓伟大的目标、伟大的征程。

在成书的过程中,我投入了大量的时间和精力,力求为读者呈现有价值的内容。然而,当我最终审视这份书稿时,心中仍满是忐忑。我深知,受限于自身的认知水平和研究能力,加上时间的紧迫,书中难免存在一些考虑不周、论述不够深入的地方。尽管它凝结着我的心血,但距离我心中的理想状态还有相当长的距离。日后我还将继续深耕钻研,不断深化理论造诣,希望能够弥补本书在理论深度上的不足。

本书梓刻之际,我不禁感慨万千,人生天地之间,若白驹过隙,忽然而已。谨借此机会,感怀一下自己撰写本书期间的心路历程,感恩及感谢在此期间对我提供支持和帮助的老师、同事和朋友。

饮水思其源,学成念吾师。在此特别感谢我的导师程广云教授对本书撰写的多次悉心指导与帮助。在书稿写作期间,程老师不断帮助我找准写作方向,提高学术水平,使我能够耐得住寂寞,经得起打击,熬得住崩溃,自己的内心也逐步强大。程老师从书稿写作初期的观点推敲到论文成稿的字句斟酌,花费了太多的时间,经常熬夜帮助我修改,从学术观点、论文注释、语句文字到标点符号……一点一点,不厌其烦地调整、修改,直至帮助我成功完成本书,我写作的每一步都离不开程老师的悉心指导。良师难得,定将一生铭记,在此,特向恩师致以最诚挚的谢意和最崇高的敬意。同时,感谢我的工作单位北京工商大学在我撰写此书及相关的就学、研究过程中给予的大力支持和帮助。

参考文献

一、马克思主义经典著作，党和国家领导人重要文献

1. 马克思、恩格斯：《德意志意识形态》，北京：人民出版社，2003年。
2. 马克思、恩格斯：《马克思恩格斯文集》（第1卷），北京：人民出版社，2009年。
3. 马克思、恩格斯：《马克思恩格斯文集》（第2卷），北京：人民出版社，2009年。
4. 马克思、恩格斯：《马克思恩格斯文集》（第3卷），北京：人民出版社，2009年。
5. 马克思、恩格斯：《马克思恩格斯文集》（第4卷），北京：人民出版社，2009年。
6. 马克思、恩格斯：《马克思恩格斯文集》（第5卷），北京：人民出版社，2009年。
7. 马克思、恩格斯：《马克思恩格斯文集》（第6卷），北京：人民出版社，2009年。
8. 马克思、恩格斯：《马克思恩格斯文集》（第7卷），北京：人民出版社，2009年。
9. 马克思、恩格斯：《马克思恩格斯文集》（第8卷），北京：人民出版社，2009年。
10. 马克思、恩格斯：《马克思恩格斯文集》（第9卷），北京：人民出版社，2009年。
11. 马克思、恩格斯：《马克思恩格斯文集》（第10卷），北京：人民出版社，2009年。
12. 马克思、恩格斯：《马克思恩格斯选集》（第1卷），北京：人民出版社，2012年。
13. 马克思、恩格斯：《马克思恩格斯选集》（第2卷），北京：人民出版社，2012年。
14. 马克思、恩格斯：《马克思恩格斯选集》（第3卷），北京：人民出版社，2012年。
15. 马克思、恩格斯：《马克思恩格斯选集》（第4卷），北京：人民出版社，2012年。
16. 马克思：《资本论》（第1卷），北京：人民出版社，2004年。
17. 马克思：《资本论》（第2卷），北京：人民出版社，2004年。
18. 马克思：《资本论》（第3卷），北京：人民出版社，2004年。
19. 恩格斯：《路德维希·费尔巴哈和德国古典哲学的终结》，北京：人民出版社，2014年。
20. 列宁：《列宁选集》（第1卷），北京：人民出版社，2012年。
21. 列宁：《列宁选集》（第2卷），北京：人民出版社，2012年。
22. 列宁：《列宁选集》（第3卷），北京：人民出版社，2012年。

23. 列宁：《列宁选集》(第4卷)，北京：人民出版社，2012年。
24. 毛泽东：《建国以来毛泽东文稿》(第1册)，北京：中央文献出版社，1987年。
25. 毛泽东：《建国以来毛泽东文稿》(第2册)，北京：中央文献出版社，1988年。
26. 毛泽东：《建国以来毛泽东文稿》(第3册)，北京：中央文献出版社，1989年。
27. 毛泽东：《建国以来毛泽东文稿》(第4册)，北京：中央文献出版社，1990年。
28. 毛泽东：《建国以来毛泽东文稿》(第5册)，北京：中央文献出版社，1991年。
29. 毛泽东：《建国以来毛泽东文稿》(第6册)，北京：中央文献出版社，1992年。
30. 毛泽东：《建国以来毛泽东文稿》(第7册)，北京：中央文献出版社，1992年。
31. 毛泽东：《建国以来毛泽东文稿》(第8册)，北京：中央文献出版社，1993年。
32. 毛泽东：《建国以来毛泽东文稿》(第9册)，北京：中央文献出版社，1996年。
33. 毛泽东：《建国以来毛泽东文稿》(第10册)，北京：中央文献出版社，1996年。
34. 毛泽东：《建国以来毛泽东文稿》(第11册)，北京：中央文献出版社，1996年。
35. 毛泽东：《建国以来毛泽东文稿》(第12册)，北京：中央文献出版社，1998年。
36. 毛泽东：《建国以来毛泽东文稿》(第13册)，北京：中央文献出版社，1998年。
37. 毛泽东：《毛泽东选集》(第1卷)，北京：人民出版社，1991年。
38. 毛泽东：《毛泽东选集》(第2卷)，北京：人民出版社，1991年。
39. 毛泽东：《毛泽东选集》(第3卷)，北京：人民出版社，1991年。
40. 毛泽东：《毛泽东选集》(第4卷)，北京：人民出版社，1991年。
41. 邓小平：《邓小平文选》(第2卷)，北京：人民出版社，1994年。
42. 邓小平：《邓小平文选》(第3卷)，北京：人民出版社，1994年。
43. 江泽民：《江泽民文选》(第2卷)，北京：人民出版社，2006年。
44. 江泽民：《江泽民文选》(第3卷)，北京：人民出版社，2006年。
45. 江泽民：《全面建设小康社会，开创中国特色社会主义新局面》，北京：人民出版社，2002年。
46. 胡锦涛：《胡锦涛文选》(第2卷)，北京：人民出版社，2016年。
47. 胡锦涛：《胡锦涛文选》(第3卷)，北京：人民出版社，2016年。
48. 胡锦涛：《坚定不移沿着中国特色社会主义道路前进，为全面建成小康社会而奋斗——在中国共产党第十八次全国代表大会上的报告》，《求是》2012年第22期。

49. 习近平：《决胜全面建成小康社会夺取新时代中国特色社会主义伟大胜利》，北京：人民出版社，2017年。

50. 习近平：《论坚持人与自然和谐共生》，北京：中央文献出版社，2022年。

51. 习近平：《努力建设人与自然和谐共生的现代化》，《求是》2022年第11期。

52. 环境保护部办公厅编：《新时代环境保护重要文件选编》，北京：中国环境科学出版社，2015年。

53. 中共中央党史和文献研究院编：《十九大以来重要文献选编》（上），北京：中央文献出版社，2019年。

54. 中共中央党史和文献研究院编：《二十大以来重要文献选编》（上），北京：中央文献出版社，2024年。

55. 中共中央文献研究室、国家林业局编：《毛泽东论林业》（新编本），北京：中央文献出版社，2003年。

56. 中共中央文献研究室、国家林业局编：《新时期党和国家领导人论林业与生态建设》，北京：中央文献出版社，2001年。

57. 中共中央文献研究室编：《毛泽东思想年编：1921—1975》，北京：中央文献出版社，2011年。

58. 中共中央文献研究室编：《中共中央文件选集（1949年10月—1966年5月）》，北京：人民出版社，2013年。

59. 中共中央文献研究室编：《邓小平思想年编》，北京：中央文献出版社，2011年。

60. 中共中央文献研究室编：《十七大以来重要文献选编》，北京：中央文献出版社，2009年。

61. 中共中央文献研究室编：《十八大以来重要文献选编》，北京：人民出版社，2014年。

62. 中共中央文献研究室编：《中国共产党第十八次全国代表大会文件汇编》，北京：人民出版社，2012年。

63. 中共中央文献研究室编：《习近平关于社会主义生态文明建设论述摘编》，北京：中央文献出版社，2017年。

64. 中共中央文献研究室编：《习近平新时代中国特色社会主义思想三十讲》，北京：

人民出版社,2018 年。

65. 中共中央文献研究室编：《习近平谈治国理政》（第 1 卷），北京：外文出版社，2014 年。

66. 中共中央文献研究室编：《习近平谈治国理政》（第 2 卷），北京：外文出版社，2017 年。

67. 中共中央文献研究室编：《习近平谈治国理政》（第 3 卷），北京：外文出版社，2020 年。

68. 中共中央宣传部编：《习近平总书记系列重要讲话读本》，北京：人民出版社，2016 年。

二、学术著作

1. [德] A. 施密特：《马克思的自然概念》，欧力同、吴仲昉译，北京：商务印书馆，1988 年。

2. [美] H. 马尔库塞等：《工业社会和新左派》，任立编译，北京：商务印书馆，1982 年。

3. [英] R. G. 柯林武德：《自然的观念》，吴国盛译，北京：商务印书馆，2018 年。

4. [苏] H. T. 弗罗洛夫：《人的前景》，王思斌、潘信之译，北京：中国社会科学出版社，1989 年。

5. [德] 阿尔贝特·施韦泽：《敬畏生命——五十年来的基本论述》，陈泽环译，上海：上海人民出版社，2017 年。

6. [法] 爱尔维修：《论人的理智能力和教育》，汪功伟译，上海：生活·读书·新知三联书店，2021 年。

7. [德] 埃德蒙德·胡塞尔：《欧洲科学危机和超验现象学》，张庆熊译，上海：上海译文出版社，1988 年。

8. [意] 安东尼奥·葛兰西：《狱中札记》，葆煦译，北京：人民出版社，1983 年。

9. [美] 巴里·康芒纳：《封闭的循环——自然、人和技术》，侯文蕙译，长春：吉林人民出版社，1997 年。

参 考 文 献

10. ［加］本·阿格尔:《西方马克思主义概论》,慎之等译,北京:中国人民大学出版社,1991年。
11. ［美］彼得·S.温茨:《环境正义论》,朱丹琼、宋玉波译,上海:格致出版社,2021年。
12. ［美］彼得·S.温茨:《现代环境理论》,宋玉波、朱丹琼译,上海:上海人民出版社,2007年。
13. ［美］彼得·辛格:《动物解放》,祖述宪译,青岛:青岛出版社,2006年。
14. 陈墀成、蔡虎堂:《马克思恩格斯生态哲学思想及其当代价值》,北京:中国社会科学出版社,2014年。
15. 陈茂林:《生态马克思主义批评理论研究》,北京:中国社会科学出版社,2024年。
16. 陈学明:《谁是罪魁祸首——追寻生态危机的根源》,北京:人民出版社,2012年。
17. 陈学明:《生态文明论》,重庆:重庆出版社,2008年。
18. 陈晏清、王南湜、李淑梅:《现代唯物主义导论——马克思哲学的实践论研究》,北京:北京师范大学出版社,2017年。
19. ［英］戴维·佩珀:《生态社会主义:从深生态学到社会正义》,刘颖译,济南:山东大学出版社,2005年。
20. 董强:《马克思主义生态观研究》,北京:人民出版社,2015年。
21. 杜秀娟:《马克思主义生态哲学思想历史发展研究》,北京:北京师范大学出版社,2011年。
22. ［法］傅立叶:《经济的新世界:或符合本性的协作的行为方式》,赵俊欣、吴模信、徐知勉、汪文漪译,北京:商务印书馆,2022年。
23. ［法］傅立叶:《论商业 理性的谬误》,汪耀三、庞龙、冀甫译,北京:商务印书馆,2023年。
24. 方世南:《马克思恩格斯的生态文明思想——基于〈马克思恩格斯文集〉的研究》,北京:人民出版社,2017年。
25. ［美］菲利普·克莱顿、贾斯廷·海因泽克:《有机马克思主义——生态灾难与资本主义的替代选择》,孟献丽等译,北京:人民出版社,2015年。
26. 丰子义:《现代化的理论基础——马克思现代社会发展理论研究》,北京:北京师范大学出版社,2017年。

27. 高德明：《生态文明与可持续发展》，北京：中国致公出版社，2011年。

28. 高清海：《哲学与主体自我意识——论马克思实践观点的思维方式》，北京：北京师范大学出版社，2017年。

29. ［苏］格奥尔基·瓦连廷诺维奇·普列汉诺夫：《普列汉若夫哲学著作选集（第一卷）》，曹葆华译，北京：生活·读书·新知三联书店，1959年。

30. ［日］宫本宪一：《环境经济学》，朴玉译，上海：生活·读书·新知三联书店，2004年。

31. 韩庆祥：《现实逻辑中的人——马克思的人学理论研究》，北京：北京师范大学出版社，2017年。

32. ［德］赫伯特·马尔库塞：《单向度的人——发达工业社会意识形态研究》，刘继译，上海：上海译文出版社，2008年。

33. ［德］黑格尔：《自然哲学》，梁志学、薛华、钱广华、沈真译，北京：商务印书馆，1980年。

34. 何山青：《生态批判与生态唯物史观——福斯特与奥康纳生态学马克思主义思想比较研究》，北京：中央编译出版社，2022年。

35. 洪富艳：《生态文明与中国生态治理模式创新》，北京：中国致公出版社，2011年。

36. 黄承梁：《生态文明简明知识读本》，北京：中国环境科学出版社，2010年。

37. ［美］霍尔姆斯·罗尔斯顿：《哲学走向荒野》，刘耳、叶平译，长春：吉林人民出版社，2000年。

38. 贾学军：《福斯特生态学马克思主义思想研究》，北京：人民出版社，2016年。

39. 姜辉、于海青：《西方世界中的社会主义思潮》，北京：社会科学文献出版社，2012年。

40. 蒋高明：《中国生态环境危急》，海口：海南出版社，2011年。

41. ［意］康帕内拉：《太阳城》，陈大维、黎思复、黎廷弼译，北京：商务印书馆，1960年。

42. ［德］康德：《判断力批判》，邓晓芒译，北京：人民出版社，2002年。

43. ［英］莱纳·格伦德曼：《马克思主义与生态：自然、社会与技术》，刘晓军译，北京：商务印书馆，2024年。

44. ［美］蕾切尔·卡森：《寂静的春天》，吕瑞兰、李长生译，上海：上海译文出版社，2007年。

参 考 文 献

45. 李繁荣：《马克思主义农业生态思想及其当代价值研究》，北京：中国社会科学出版社，2014年。

46. 李惠斌、薛晓源、王治河编：《生态文明与马克思主义》，北京：中央编译出版社，2008年。

47. 李明宇、李丽：《马克思主义生态哲学：理论建构与实践创新》，北京：人民出版社，2016年。

48. 李世书：《生态学马克思主义的自然观研究》，北京：中央编译出版社，2010年。

49. 李想：《发端于生态文明——人与自然和谐共生研究》，北京：中国致公出版社，2011年。

50. 李欣广：《生态文明与马克思主义经济理论创新》，北京：中国环境科学出版社，2011年。

51. 梁漱溟：《东西文化及其哲学》，北京：商务印书馆，2010年。

52. 刘海霞：《马克思恩格斯生态思想及其当代价值研究》，北京：中国社会科学出版社，2016年。

53. 刘海霞：《马克思主义生态文明思想及实践研究》，北京：中国社会科学出版社，2020年。

54. 刘仁胜编：《生态马克思主义与生态文明》，北京：中国人民大学出版社，2022年。

55. 刘思华：《生态马克思主义经济学原理》，北京：人民出版社，2006年。

56. 刘英：《生态学马克思主义对历史唯物主义的辩护研究》，合肥：安徽大学出版社，2022年。

57. 刘增惠：《马克思主义生态思想及实践研究》，北京：北京师范大学出版社，2010年。

58. ［英］罗宾·阿特菲尔德：《环境关怀的伦理学》，李小重、雷毅译，北京：科学出版社，2018年。

59. ［英］罗伯特·欧文：《新社会观》，柯象峰、何光来、秦果显译，北京：商务印书馆，2022年。

60. ［英］罗伯特·欧文：《致拉纳克郡报告》，柯象峰、何光来、秦果显译，北京：商务印书馆，2023年。

61. [英]罗素:《西方哲学史》,何兆武、李约瑟译,北京:商务印书馆,1996年。

62. [法]卢梭:《论科学与艺术》,何兆武译,北京:商务印书馆,1997年。

63. [匈]卢卡奇:《历史与阶级意识》,杜章智、任立、燕宏远译,北京:商务印书馆,1999年。

64. [匈]卢卡奇:《社会存在本体论导论》,沈耕、毛怡红等译,北京:华夏出版社,1989年。

65. 卢风:《从现代文明到生态文明》,北京:中央编译出版社,2009年。

66. 卢艳芹:《马克思主义生态思想录》,北京:光明日报出版社,2023年。

67. [德]马克斯·霍克海默:《批判理论》,李小兵等译,重庆:重庆出版社,1989年。

68. 苗启明、谢青松、林安云、吴茜:《马克思生态哲学思想与社会主义生态文明建设》,北京:中国社会科学出版社,2016年。

69. [法]摩莱里:《自然法典》,刘元慎、何清新译,北京:商务印书馆,1959年。

70. 莫放春:《马克思的生态学与生态学马克思主义研究》,北京:人民出版社,2018年。

71. [苏]尼·布哈林:《历史唯物主义理论》,李光谟等译,北京:东方出版社,1988年。

72. 聂长久、韩喜平:《马克思主义生态伦理学导论》,北京:中国环境出版社,2016年。

73. 潘家华:《中国的环境治理与生态建设》,北京:中国社会科学出版社,2015年。

74. 彭曼丽:《马克思恩格斯生态思想发展研究》,北京:人民出版社,2000年。

75. 祁松林:《走向生态正义的生态文明理论——威廉·莱斯生态学马克思主义思想探析》,北京:知识产权出版社,2023年。

76. [英]乔纳森·休斯:《生态与历史唯物主义》,张晓琼、侯晓滨译,南京:江苏人民出版社,2011年。

77. 乔清举:《儒家生态思想通论》,北京:北京大学出版社,2013年。

78. 任平:《走向交往实践的唯物主义》,北京:北京师范大学出版社,2017年。

79. [印]萨拉·萨卡:《生态社会主义还是生态资本主义》,张淑兰译,济南:山东大学出版社,2008年。

80. 申治安:《本·阿格尔生态马克思主义思想及其建设美丽中国启示研究》,天津:天津人民出版社,2024年。

参 考 文 献

81. 沈月：《生态马克思主义价值研究》，北京：人民出版社，2015年。
82. [法]圣西门：《论科学体系》，王燕生、董果良、赵鸣远、陆楼法译，北京：商务印书馆，2022年。
83. 石小娇：《生态的希望空间：马克思主义绿色发展观研究》，北京：中国政法大学出版社，2020年。
84. [德]斯宾格勒：《西方的没落》，吴琼译，上海：上海三联书店，2006年。
85. 宋希仁编：《西方伦理思想史》，北京：中国人民大学出版社，2004年。
86. 宋豫秦：《生态文明论》，成都：四川教育出版社，2017年。
87. 孙道进：《马克思主义环境哲学研究》，北京：人民出版社，2008年。
88. 孙爽：《瑞尼尔·格伦德曼生态学马克思主义思想研究》，北京：中国社会科学出版社，2021年。
89. 孙正聿等：《马克思主义基础理论研究(上)》，北京：北京师范大学出版社，2011年。
90. [英]托马斯·莫尔：《乌托邦》，戴镏龄译，北京：商务印书馆，1982年。
91. 王圣祯：《"资本逻辑"批判与"生活逻辑"构建：岩佐茂生态马克思主义研究》，哈尔滨：哈尔滨工程大学出版社，2016年。
92. 王永贵：《经济全球化与我国社会主流意识形态建设研究》，北京：人民出版社，2010年。
93. 王雨辰：《生态马克思主义与生态文明研究》，北京：人民出版社，2015年。
94. 王雨辰：《生态批判与绿色乌托邦——生态学马克思主义理论研究》，北京：人民出版社，2009年。
95. 王雨辰：《生态学马克思主义与后发国家生态文明理论研究》，北京：人民出版社，2017年。
96. 王玉梅：《当代中国马克思主义生态哲学的理论内核与实践路向》，北京：人民出版社，2023年。
97. [加]威廉·莱斯：《自然的控制》，岳长龄、李建华译，重庆：重庆出版社，2007年。
98. [加]威廉·莱斯：《自然的控制》，岳长龄、李建华译，重庆：重庆出版社，1993年。
99. 温晓春：《安德烈·高兹中晚期生态马克思主义思想研究》，上海：上海人民出版社，2015年。

100. 解保军：《马克思生态思想研究》，北京：中央编译出版社，2019年。

101. 解保军：《马克思自然观的生态哲学意蕴——"红"与"绿"结合的理论先声》，哈尔滨：黑龙江人民出版社，2002年。

102. 解保军：《生态学马克思主义名著导读》，哈尔滨：哈尔滨工业大学出版社，2014年。

103. 熊玠：《习近平时代》，北京：中共中央党校出版社，2016年。

104. 徐民华、刘希刚：《马克思主义生态思想研究》，北京：中国社会科学出版社，2012年。

105. 徐艳梅：《生态学马克思主义研究》，北京：社会科学文献出版社，2007年。

106. ［古希腊］亚里士多德：《亚里士多德全集》，苗力田等译，北京：中国人民大学出版社，1992年。

107. 严耕、杨志华：《生态文明的理论与系统构建》，北京：中央编译出版社，2009年。

108. ［日］岩佐茂：《环境的思想与伦理》，冯雷、李欣荣、尤维芬译，北京：中央编译出版社，2011年。

109. ［日］岩佐茂：《环境的思想》，韩立新、张桂权、刘荣华等译，北京：中央编译出版社，2007年。

110. 杨耕：《重建中的反思——重新理解历史唯物主义》，北京：北京师范大学出版社，2017年。

111. ［美］尤金·哈格洛夫：《环境理论学基础》，杨通进、江娅、郭辉译，重庆：重庆出版社，2007年。

112. ［美］约翰·贝拉米·福斯特：《马克思的生态学：唯物主义与自然》，刘仁胜、肖峰译，北京：高等教育出版社，2006年。

113. ［美］约翰·贝拉米·福斯特：《生态危机与资本主义》，耿建新、宋兴无译，上海：上海译文出版社，2006年。

114. 余谋昌：《生态文明论》，北京：中央编译出版社，2010年。

115. 余永跃、高家军、刘兰炜：《中国化马克思主义生态理论研究》，武汉：武汉大学出版社，2023年。

116. 余正荣：《生态智慧论》，北京：中国社会科学出版社，1996年。

117. 俞吾金、陈学明编：《国外马克思主义哲学流派新编：西方马克思主义卷》，上海：复旦大学出版社，2002年。

118. 俞吾金：《从康德到马克思——千年之交的哲学沉思研究》，北京：北京师范大学出版社，2017年。

119. 曾文婷：《"生态学马克思主义"研究》，重庆：重庆出版社，2008年。

120. [美]詹姆斯·奥康纳：《自然的理由：生态学马克思主义研究》，唐正东、臧佩洪译，南京：南京大学出版社，2003年。

121. [日]斋藤幸平：《马克思生态社会主义》，谭晓军、包秀琴、张杨译，北京：中央编译出版社，2024年。

122. 张剑：《马克思主义视阈中的生态社会主义》，北京：中国社会科学出版社，2019年。

123. 张进蒙：《马克思恩格斯生态哲学思想论纲》，北京：中国社会科学出版社，2014年。

124. 张敏：《生态伦理学整体主义方法论研究》，长春：吉林人民出版社，2013年。

125. 张苏强、陈有玲：《马克思主义生态理论的演化及教育启示》，芜湖：安徽师范大学出版社，2022年。

126. 赵美玲：《马克思主义中国化与中国生态现代化》，天津：南开大学出版社，2019年。

127. 周光迅、武群堂：《马克思主义生态哲学综论》，杭州：浙江大学出版社，2016年。

128. 周义澄：《自然理论与现时代——对马克思哲学的一个新思考》，上海：上海人民出版社，1988年。

129. 朱美荣：《比较与鉴别：五四时期社会主义思潮流派研究》，上海：上海社会科学院出版社，2018年。

130. 中共中央编译局世界社会主义研究所编：《新编世界社会主义词典》，上海：上海辞书出版社，1996年。

131. 中国北京市委党校马克思主义理论研究中心：《中国生态文明建设理论与实践》，北京：中国社会科学出版社，2018年。

132. Andre Gorz, *Critique of Economic Reason*, London: Verso, 1989.

133. Andre Gorz, *Ecology as Politics*, Boston: South End Press, 1980.

134. Andre Gorz, *Farewell to the Working Class: an essay on post-industrial socialism*, London: Pluto Press, 1982.

135. Arthur P. J. Mol, David A. Sonnenfeld eds., *Ecological modernization around the world perspective and critical debates*, London: London Frank Cass, 2000.

136. Herbert Marcuse, *Counter-Revolution and Revolt*, Boston: Beacon Press, 1972.

137. Martin Jänicke, Helmut Weicher, *Successful environmental policy: a critical evaluation of 24 cases*, Berlin: Sigma, 1995.

138. Roy Morrison, *Ecological Civilization*, Boston: South End Press, 1995.

三、学术论文

1. [澳]阿伦·盖尔:《走向生态文明:生态形成的科学、伦理和政治》,《马克思主义与现实》2010年第1期。

2. 白秉锡:《乔尔·科威尔生态批判思想的比较特色》,《哲学理论》2020年第12期。

3. 本刊记者:《正确认识和积极实践社会主义生态文明:访中南财经政法大学资深研究员刘思华》,《马克思主义研究》2011年第5期。

4. 蔡陈聪、王艳:《马克思物质变换理论及其对生态文明建设的启示》,《东南大学学报(哲学社会科学版)》2010年第6期。

5. 曹牧:《改革开放四十年的全民义务植树工作及创新》,《环境与可持续发展》2019年第4期。

6. 陈凡、白瑞:《论马克思主义绿色发展观的历史演进》,《学术论坛》2013年第4期。

7. 陈立容:《马克思主义哲学与生态思想的融合》,《灌溉排水学报》2023年第2期。

8. 陈学明:《在马克思主义指导下进行生态文明建设》,《江苏社会科学》2010年第5期。

9. 邓坤金、李国兴:《简论马克思主义的生态文明观》,《哲学研究》2010年第5期。

10. 董振华:《关于马克思主义哲学创新问题的思考》,《哲学研究》2006年第10期。

11. 杜丽群、陈阳:《新时代中国生态文明建设研究述评》,《新疆师范大学学报(哲学社会科学版)》,2019年第3期。

12. 杜明娥、赵光辉:《〈1844年经济学哲学手稿〉生态思想的逻辑研究》,《理论学刊》2017年第1期。

13. 杜明娥:《马克思实践哲学视域中的生态文明》,《社会科学战线》2012年第11期。

14. 方克立:《"天人合一"与中国古代的生态智慧》,《社会科学战线》2003年第4期。

15. 冯之浚:《科学发展与生态文明》,《太平洋学报》2010年第1期。

16. 耿化敏:《新时代中国共产党知识分子思想的创新发展——习近平关于党的知识分子工作重要论述研究》,《理论学刊》2021年第2期。

17. 龚剑飞:《中国特色社会主义理论体系结构的逻辑分析》,《东岳论丛》2011年第5期。

18. 关盛梅:《以人际和谐为基础推进生态文明的社会建设——基于社会学视角的分析》,《学术交流》2011年第2期。

19. 何娟:《社会主义生态文明视域下的绿色生活方式》,《哈尔滨工业大学学报(社会科学版)》2019年第4期。

20. 贺绍芬:《马克思恩格斯生态文明思想的三维向度:理论意涵、思维特质及其时代价值》,《克拉玛依学刊》2023年第1期。

21. 胡洪彬:《继承与创新:三十年来党的生态环境建设思想发展的历史轨迹》,《中共青岛市委党校(青岛行政学院学报)》2009年第1期。

22. 胡宗义、项璁、李好、刘佳琦:《政府环境责任履行对环境质量改善的影响研究》,《湖南大学学报(社会科学版)》2024年第5期。

23. 郇庆治:《开辟马克思主义人与自然关系理论新境界》,《理论导报》2022年第7期。

24. 黄翠新:《马克思对象化思想的自由意蕴及其生态价值》,《南京林业大学学报(人文社会科学版)》2016年第4期。

25. 黄娟:《经济新常态下中国生态文明发展道路的思考》,《创新》2016年第1期。

26. 黄世贤、李志萌:《绿水青山就是金山银山——学习领会〈习近平谈治国理政〉第二卷关于生态文明建设的重要论述》,《中国林业产业》2018年Z1期。

27. 蒋南平、向仁康:《中国经济绿色发展的若干问题》,《当代经济研究》2013年第2期。

28. 金延：《马克思：历史批判视阈中的生态问题反思》，《文史哲》2010 年第 1 期。

29. 兰明：《对马克思主义实践观的再理解》，《理论界》2008 年第 2 期。

30. 雷东东、赵心梦、吕敬美：《生态危机与资本逻辑：福斯特的生态批判理论》，《山西大同大学学报（社会科学版）》2024 年第 4 期。

31. 李斌：《马克思唯物史观的生态思想与时代启示》，《人民论坛（学术前沿）》2017 年第 21 期。

32. 李崇富：《马克思主义生态观及其现实意义》，《湖南社会科学》2011 年第 1 期。

33. 李东松、李京文：《马克思生态思想基本特征及其指导意义》，《北京工业大学学报》2010 年第 3 期。

34. 李怀涛：《马克思自然观的生态意蕴》，《马克思主义研究》2010 年第 12 期。

35. 李培超：《论生态文明的核心价值及其实现模式》，《当代世界与社会主义》2011 年第 1 期。

36. 李维意：《略论马克思恩格斯"两个和解"思想》，《理论导刊》2011 年第 5 期。

37. 李兴锋：《推进生态文明建设法治化的制度进路》，《中南民族大学学报（人文社会科学版）》2021 年第 6 期。

38. 李月：《关于新时代大学生劳动观的培养研究》，《沈阳干部学刊》2021 年第 2 期。

39. 刘福森：《自然中心主义生态化伦理观的理论困境》，《中国社会科学》1997 年第 7 期。

40. 刘国晨：《马克思主义理论体系的科学结构范式和逻辑结构的基本特征》，《宁夏社会科学》2010 年第 2 期。

41. 刘海霞、马洪建：《习近平生态文明建设思想探析》，《电子科技大学学报（社科版）》2016 年第 5 期。

42. 刘海霞、马立志：《毛泽东绿色发展思想探析》，《南京航空航天大学学报（社会科学版）》2016 年第 6 期。

43. 刘思华、方时姣：《绿色发展与绿色崛起的两大引擎：论生态文明创新经济的两个基本形态》，《经济纵横》2012 年第 7 期。

44. 刘亦晴、丁家玉：《中国城市绿色创新效率评价及影响因素贡献度分析》，《现代金融》2023 年第 11 期。

参 考 文 献

45. 卢风：《人道主义、人类中心主义与主体主义》，《湖南师范大学学报》1997年第3期。

46. 吕锦芳、韩雪冰：《马克思主义生态文明理论中国化的逻辑探究——评〈马克思恩格斯生态文明思想及其中国化研究〉》，《经济研究导刊》2022年第15期。

47. 孟福来：《生态文明的提出、问题及对策思考》，《西北大学学报（哲学社会科学版）》2010年第3期。

48. 缪昌武：《论马克思恩格斯的生态文明思想及其当代意蕴》，《毛泽东邓小平理论研究》2008年第5期。

49. 穆艳杰、魏恒：《习近平对马克思生态思想的继承与发展论析》，《思想政治教育研究》2019年第2期。

50. 穆艳杰、罗莹：《唯物史观视野中的"生态问题"：乔纳森·休斯对西方生态主义的批判》，《吉林大学社会科学学报》2014年第1期。

51. 倪维斗、陈贞、李政：《我国能源现状及某些重要战略对策》，《中国能源》2008年第12期。

52. 倪志安、王培培：《马克思实践自然观对我国生态文明建设的理论启示和实践启迪》，《西南大学学报（社会科学版）》2011年第2期。

53. 聂春雷、胡勘平、薛瑶、何倩：《生态文明建设理论发展历程初探》，《环境与可持续发展》2014年第3期。

54. 潘莉、黄志斌：《党的十八大以来生态文明思想及其实践的重要发展》，《当代世界和社会主义》2015年第2期。

55. 彭新武、李宏伟：《达尔文进化论与马克思主义的关联与歧异》，《湖北行政学院学报》2011年第1期。

56. 若贺曼：《马克思主义思想中的生态观》，《黑河学院学报》2024年第6期。

57. 沙占华：《生态文明建设的政治性困境及破解之道》，《创新》2017年第1期。

58. 宋子昂、上官文慧：《马克思恩格斯对资本主义的生态批判及其当代价值》，《现代交际》2024年第8期。

59. 孙民：《马克思生态哲学若干核心范畴探析》，《兰州学刊》2013年第5期。

60. 孙正聿：《从两极到中介——现代哲学的革命》，《哲学研究》1988年第8期。

61. 孙正聿：《现代化与现代化问题：从马克思的观点看》，《马克思主义与现实》2013年第1期。

62. 田贵平、竟辉：《论中国特色社会主义生态文明建设的价值目标：以马克思主义生态思想为视角》，《河南工业大学学报（社会科学版）》2014年第1期。

63. 铁燕、文传浩、王殿颖：《改革开放以来中国共产党生态文明执政方略演进》，《甘肃社会科学》2010年第3期。

64. 王宏斌：《当代中国建设生态文明的途径选择及其历史局限性与超越性》，《马克思主义与现实》2010年第1期。

65. 王青峰：《中国式现代化视域下强化战略思维的内在逻辑和实践路径》，《扬州教育学院学报》2024年第2期。

66. 王若宇、冯颜利：《从经济理性到生态理性：生态文明建设的理念创新》，《自然辩证法研究》2011年第7期。

67. 王仕国、左乐平：《五大发展理念：马克思主义发展观的新境界》，《廊坊师范学院学报（社会科学版）》2016年第4期。

68. 王伟、潘军辉：《自然概念与马克思哲学变革的关系论析》，《社会科学论坛》2024年第3期。

69. 王学俭、宫长瑞：《试析马克思主义生态文明观及其当代意蕴》，《理论探讨》2010年第2期。

70. 王英：《康德星云假说的哲学意蕴》，《广西社会科学》2005年第9期。

71. 王颖：《马克思主义生态思想对转变经济发展方式的启示》，《科学社会主义》2010年第6期。

72. 王雨辰：《关于我国西方马克思主义哲学研究若干理论问题的思考》，《胜利油田党校学报》2004年第1期。

73. 王雨辰：《习近平"生命共同体"概念的生态哲学阐释》，《社会科学战线》2018年第2期。

74. 翁洁：《生态文明建设的理论基础与现实路径——基于马克思恩格斯生态思想建构视角》，《学术论坛》2018年第4期。

75. 吴昂：《人类命运共同体视域下国际环境法治实现研究》，《中国矿业大学学报（社会科学版)》2021 年第 2 期。

76. 吴宏亮：《生态现代化理论形成的历史观基础——马克思、恩格斯生态社会发展思想探索》，《绿叶》2007 年第 6 期。

77. 吴文娟：《马克思主义生态观视阈下我国生态文明建设研究》，《经济研究导刊》2024 年第 10 期。

78. 吴晓明：《马克思主义哲学与当代生态思想》，《马克思主义与现实》2010 年第 6 期。

79. 谢磊、周晓阳：《论马克思生态哲学》，《湖南社会科学》2010 年第 4 期。

80. 解保军：《马克思恩格斯对资本主义的生态批判及其意义》，《马克思主义研究》2006 年第 8 期。

81. 辛克伦、李明桂：《马克思恩格斯城乡融合思想及其当代启示》，《平顶山学院学报》2024 年第 3 期。

82. 徐大可：《学习习近平总书记关于新发展理念两篇重要文献的体会》，《政策瞭望》2016 年第 7 期。

83. 徐月欣、李明恒：《生态文明建设的法律制度构建》，《中国石油大学胜利学院学报》2014 年第 3 期。

84. 徐长福：《马克思的实践首先是一个价值本体概念》，《哲学动态》2003 年第 6 期。

85. 许斗斗：《论马克思的社会建设思想及其当代意义：一种生态文明建设的分析视角》，《哲学研究》2011 年第 8 期。

86. 薛金艳：《民主革命时期中国共产党农业政策中群众路线的体现》，《长春师范大学学报》2021 年第 7 期。

87. 杨柳、杨帆：《略论中国建设生态文明的大战略》，《探索》2010 年第 5 期。

88. 仰海峰：《马克思的"自然"概念及其生态学意蕴》，《学术研究》2024 年第 1 期。

89. 姚晓红：《生态视域下马克思资本批判理论的三重特性及其当代价值》，《天府新论》2020 年第 2 期。

90. 于天宇、李桂花：《习近平生态生产力思想论析》，《学习与探索》2017 年第 6 期。

91. 余锦龙：《马克思生产力理论所蕴含的生态经济思想》，《中国特色社会主义研究》2013 年第 4 期。

92. 袁霞：《析马克思恩格斯的生态文明思想及现代启示》，《求实》2009年第7期。

93. 臧磊、刘凌峰：《中国经济持续健康发展面临的问题探究》，《农村经济与科技》2021年第1期。

94. 詹晓菲：《浅析马克思主义哲学视域下的"五大发展"理念》，《中共四川省委党校学报》2016年第4期。

95. 张岱年：《中国文化的基本精神》，《齐鲁学刊》2003年第5期。

96. 张娥：《青年马克思"第三类文本"中政治哲学思想的独特性——基于类型学的比较性考察》，《郑州轻工业大学学报（社会科学版）》2023年第6期。

97. 张蕾：《马克思主义生态哲学思想及其当代价值》，《延边党校学报》2023年第5期。

98. 张敏、胡建东：《习近平人与自然"生命共同体"概念的哲学基础及现实指向》，《学术探索》2019年第6期。

99. 张敏、胡建东：《消解与超越——从历史唯物主义的视角看环境伦理学的两种范式》，《理论导刊》2018年第2期。

100. 张敏：《论自然价值知性模式与人格的生态涵育》，《社会科学研究》2019年第5期。

101. 张首先、张俊：《继承、批判与超越：马克思恩格斯生态文明思想的理论基础》，《领导科学》2011年第8期。

102. 张首先：《生态文明：内涵、结构及基本特性》，《山西师大学报（社会科学版）》2010年第1期。

103. 张晓燕：《毛泽东的生态思想及其当代价值》，《社会科学动态》2024年第7期。

104. 张志刚、周才云：《和谐社会视角下的生态文明建设》，《理论探索》2011年第1期。

105. 张治忠：《马克思主义绿色发展观的价值维度》，《求索》2014年第12期。

106. 赵凌云、常静：《历史视角中的中国生态文明发展道路》，《江汉论坛》2011年第2期。

107. 赵凌云：《生态文明建设与中华民族复兴》，《中南财经政法大学学报》2011年第1期。

108. 赵瑞：《论实践范畴在本体论和认识论中的意义和作用》，《文化学刊》2021年第7期。

参 考 文 献

109. 赵绍敏：《坚持和发展马克思主义的生态文明理论》，《科学社会主义》2010年第6期。

110. 赵增彦：《生态文明建设：破解日趋强化的资源环境约束的有效途径》，《东北师大学报(哲学社会科学版)》2011年第4期。

111. 周巩固：《"冬天里的哲学"——希腊化时代的思想流派》，《历史教学问题》2009年第4期。

112. 周生贤：《提高生态文明水平》，《求是》2011年第7期。

113. 周文琦、刘涵：《人与自然和谐共生的现代化：历史演进、现实挑战与未来指向》，《广西社会主义学院学报》2023年第4期。

114. 周晓敏、杨先农：《绿色发展理念：习近平对马克思生态思想的丰富与发展》，《理论与改革》2016年第5期。

115. 周岳：《习近平关于生态政治重要论述：理论逻辑、核心内涵与践行路径》，《南方周刊》2021年第12期。

116. 左雪松：《新中国七十年来中国共产党生态思想历史演进的回顾和启示》，《中南大学学报(社会科学版)》2019年第6期。

117. Anastasia Nasibulina, "Environmental Ethics in the Benefit of Sustainable Development," *Advanced Materials Research*, 2015.

118. Angelo Paletta, Fabio Fava, Francesco Ubertini, "Universities, industries and sustainable development: Outcomes of the 2017 G7 Environment Ministerial Meeting," *Sustainable Production and Consumption*, 2019, 19(7).

119. Brand Ulrich, "Beyond Green Capitalism: Social-Ecological Transformation and Perspectives of a Global Green-Left," *Fudan Journal of the Humanities and Social Sciences*, 2016, 9(1).

120. Chong Jiang, Junguo Liu, Haiyan Zhang, "China's progress towards sustainable land degradation control: Insights from the northwest arid regions," *Ecological Engineering*, 2019, 127(2).

121. Du, "An in-depth view of climate change: addressing climate change while making a transition on the development mode," *Chinese Journal of Population Resources*

and Environment，2015，13(2).

122. J. Bellamy Foster,"The Earth-System Crisis and Ecological Civilization：A Marxian View," *International Critical Thought*，2017，7(4).

123. Oyuna Bairovna Balchindorjieva,"Ecological civilization and Chinese philosophy," *Gumanitarium*，2016(1).

四、学位论文

1. 陈禹希：《新时代中国特色绿色发展问题研究》,硕士学位论文,长春：长春理工大学,2018年。

2. 高欢欢：《马克思主义生态观下的生态文明建设研究》,硕士学位论文,呼和浩特：内蒙古大学,2020年。

3. 蒋晓娟：《基于生态文明建设的国土空间优化研究——以甘肃省为例》,博士学位论文,兰州：兰州大学,2019年。

4. 李秀秀：《新时代我国生态文明建设制度体系研究》,硕士学位论文,郑州：河南工业大学,2020年。

5. 李艳芳：《习近平生态文明建设思想研究》,博士学位论文,大连：大连海事大学,2018年。

6. 潘庆：《马克思的自然观及其现代意蕴》,硕士学位论文,兰州：西北师范大学,2011年。

7. 王越：《习近平生态文明思想研究》,硕士学位论文,长春：吉林大学,2018年。

8. 肖勇：《马克思主义实践观及当代价值》,硕士学位论文,武汉：湖北大学,2014年。

9. 杨雪：《习近平生态文明建设思想研究》,硕士学位论文,哈尔滨：哈尔滨商业大学,2020年。

10. 张轩硕：《习近平关于生态文明建设重要论述研究》,硕士学位论文,喀什：喀什大学,2020年。

五、其他

1. 《开好头　起好步》,《人民日报》1995年10月6日,第1版。
2. 新华社:《站在人与自然和谐共生的高度谋划发展——在深刻领会新时代10年伟大变革中贯彻落实党的二十大精神之生态文明篇》,https://www.mee.gov.cn/ywdt/szyw/202212/t20221205_1006857.shtml,访问日期:2024年11月23日。
3. 新华网:《习近平:以美丽中国建设全面推进人与自然和谐共生的现代化》,http://www.xinhuanet.com/politics/leaders/20231231/ebaef774a86647d5ac02f639581b76b2/c.html,访问日期:2024年11月23日。
4. 新华网:《习近平:在〈生物多样性公约〉第十五次缔约方大会第二阶段高级别会议开幕式的致辞》,http://www.xinhuanet.com/world/2022-12/16/c_1129211992.htm,访问日期:2024年11月22日。
5. 中华人民共和国中央人民政府,生态环境部:《加快推进人与自然和谐共生的现代化》,https://www.gov.cn/zhengce/202408/content_6967645.htm,访问日期:2024年11月21日。
6. 中华人民共和国中央人民政府,习近平:《生态文明贵阳国际论坛2013年会开幕　习近平致贺信》,https://www.gov.cn/ldhd/2013-07/20/content_2451848.htm,访问日期:2024年11月21日。

图书在版编目(CIP)数据

马克思主义生态思想及其当代价值研究 / 杨华著.
上海：上海社会科学院出版社，2025. -- ISBN 978-7
-5520-4746-2

Ⅰ.A811.693

中国国家版本馆 CIP 数据核字第 2025E3P074 号

马克思主义生态思想及其当代价值研究

著　　者：杨　华
责任编辑：叶　子　苏靖韵
封面设计：黄婧昉
出版发行：上海社会科学院出版社
　　　　　上海顺昌路 622 号　邮编 200025
　　　　　电话总机 021-63315947　销售热线 021-53063735
　　　　　https://cbs.sass.org.cn　E-mail:sassp@sassp.cn
照　　排：南京展望文化发展有限公司
印　　刷：上海市崇明裕安印刷厂
开　　本：710 毫米×1010 毫米　1/16
印　　张：14
插　　页：1
字　　数：190 千
版　　次：2025 年 7 月第 1 版　2025 年 7 月第 1 次印刷

ISBN 978-7-5520-4746-2/A·017　　　　定价：78.00 元

版权所有　翻印必究